小额贷款公司经营绩效与社会福利影响

——基于县域信贷市场竞争视角

Performance and Social Welfare Impact of
Micro-credit Companies

Based on Perspective of County Credit Market Competition

冯海红◎著

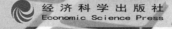

中国财经出版传媒集团

经济科学出版社
Economic Science Press

图书在版编目（CIP）数据

小额贷款公司经营绩效与社会福利影响：基于
县域信贷市场竞争视角/冯海红著. —北京：经济
科学出版社，2020.4
ISBN 978 - 7 - 5218 - 1478 - 1

Ⅰ.①小…　Ⅱ.①冯…　Ⅲ.①贷款 - 金融公司 -
研究 - 中国　Ⅳ.①F832.4

中国版本图书馆 CIP 数据核字（2020）第 065071 号

责任编辑：于海汛　李　林
责任校对：蒋子明
责任印制：李　鹏　范　艳

小额贷款公司经营绩效与社会福利影响
——基于县域信贷市场竞争视角
冯海红　著
经济科学出版社出版、发行　新华书店经销
社址：北京市海淀区阜成路甲 28 号　邮编：100142
总编部电话：010 - 88191217　发行部电话：010 - 88191522
网址：www. esp. com. cn
电子邮件：esp@ esp. com. cn
天猫网店：经济科学出版社旗舰店
网址：http：//jjkxcbs. tmall. com
北京季蜂印刷有限公司印装
710 × 1000　16 开　11.25 印张　190000 字
2020 年 4 月第 1 版　2020 年 4 月第 1 次印刷
ISBN 978 - 7 - 5218 - 1478 - 1　定价：46.00 元
（图书出现印装问题，本社负责调换。电话：010 - 88191510）
（版权所有　侵权必究　打击盗版　举报热线：010 - 88191661
QQ：2242791300　营销中心电话：010 - 88191537
电子邮箱：dbts@ esp. com. cn）

前　　言

　　长期以来我国农村金融体系发展薄弱、农村金融服务不足,导致农民贷款难、农民增收困难等问题的出现。近年来我国政府大力深化农村金融体系改革,逐步降低农村金融市场的准入门槛。2008 年小额贷款公司在全国试点并迅速发展,逐渐成为农村金融体系的新生力量。经过 10 年的发展,小额贷款公司经营状况呈现很大差异,有的经营良好、稳健发展,但也有的陷入经营困境,甚至被取消试点资格、退出市场。

　　对小额贷款公司经营绩效及其影响因素的关注和探讨,有文献提出小额贷款公司的经营绩效不仅受内部组织管理的影响,而且受区域信贷市场竞争水平的影响。但是,关于区域信贷市场竞争水平对小额贷款公司经营绩效产生正向影响还是负向影响,信贷市场竞争对小额贷款公司经营绩效的影响机制为何? 目前仍存在较大分歧,尚无统一定论。鉴于此,本书以小额贷款公司经营绩效为研究对象,重点研究区域信贷市场竞争对小额贷款公司经营绩效的影响效应及影响机制,并通过考察小额贷款公司的社会福利影响,从外部性视角对小额贷款公司社会绩效进行再验证。

　　对上述问题的研究,具有重要的理论意义和现实意义。在理论意义方面,丰富和拓展了信贷市场竞争与小额贷款公司经营绩效关系的研究深度和广度,在一定程度上可以补充现有研究的不足,有利于进一步完善小额信贷理论。在现实意义方面,有利于在充分认识和把握信贷市场竞争对小额贷款公司经营绩效影响的基础上,提出提升小额贷款公司经营绩效和实现可持续发展的对策措施,引导小额贷款公司扎根“三农”深耕县域、补充传统农村金融机构供给的不足。在我国小额贷款公司发展 10 周年之际,这对于改善我国农村金融服务、完善农村金融体系、实现脱贫攻坚战和乡村振兴战略目标具有很强的现实意义和政策意义。

　　本书分别从理论和实证两个方面展开研究。在理论分析部分,在理论梳理的基础上，提炼出理论分析框架；以小额贷款公司与银行业金融机构的异质性为切入点，借助博弈论等方法，构建理论模型，对信贷市场竞争对小额贷款公司经营绩效影响机理进行建模分析。在实证分析部分，主要使用 2011～2016 年山东省 87 个县（县级市）199 家小额贷款公司面板数据进行实证检验。首先，运用面板固定效应模型、面板工具变量法等计量方法，实证检验信贷市场竞争对小额贷款公司经营绩效和经营行为的影响；其次，运用中介效应分析方法，实证检验小额贷款公司经营行为在信贷市场竞争影响小额贷款公司经营绩效中发挥的中介效应；最后，以 2008～2016 年山东省 87 个县面板数据为样本，基于小额贷款公司试点在不同县域分层推进的"准自然实验特点"，运用双重差分方法实证检验小额贷款公司试点对农民收入和消费的影响，从外部性视角进一步对小额贷款公司社会绩效进行再验证。

本书的主要结论有：第一，信贷市场竞争对小额贷款公司经营绩效存在显著的异质性影响。信贷市场竞争对小额贷款公司社会绩效存在显著的正向影响，表明在信贷市场竞争水平越高的县域，小额贷款公司越倾向于下沉市场定位、更多地向更贫困的客户提供贷款，更好地补充了银行金融机构的服务不足、履行了其社会责任，社会绩效越高。同时，信贷市场竞争对小额贷款公司的财务绩效存在显著的负向影响，表明在信贷市场竞争水平越高的县域，小额贷款公司经营利润缩减，财务绩效越低，这在一定程度上降低了当地的社会融资成本。

第二，信贷市场竞争显著影响小额贷款公司的经营行为，小额贷款公司经营行为具有显著的中介效应。信贷市场竞争显著影响小额贷款公司的贷款定价行为和贷款投向行为，对小额贷款公司贷款利率具有显著的负向影响，对小额贷款公司涉农贷款占比具有显著的正向影响。中介效应检验研究表明小额贷款公司经营行为在信贷市场竞争影响小额贷款公司经营绩效中存在显著的中介效应，说明信贷市场竞争通过影响小额贷款公司的贷款定价行为和贷款投向行为，而最终影响小额贷款公司的财务绩效和社会绩效。

第三，小额贷款公司产生积极的社会福利影响，促进了农民收入和消费的提高。小额贷款公司试点对农民收入和消费均具有显著的正向影响，同时政策效果具有一定的时滞性，随着小额贷款公司试点年限的增加，对农民收入和消费的促进作用逐渐显现并提高。

本书在借鉴现有文献成果的基础上进行不断改进和积极探索，具有以下几点创新：第一，在研究视角和研究主题上，研究信贷市场竞争对小额贷款公司经营绩效的影响效应和影响机制，并基于县域小额贷款公司的微观数据进行实证分析，研究视角和主题都比较新颖。由于我国推行小额贷款公司的时间尚短，目前国内对这一问题鲜有探讨，基于县域视角的实证分析较匮乏。本书基于 2011～2016 年山东省 87 个县域 199 家小额贷款公司的面板数据，样本量比较充足，并创新性地从县域微观视角进行深入分析。

　　第二，在研究方法上，使用面板固定效应模型、工具变量法实证检验信贷市场竞争对小额贷款公司经营绩效和经营行为的影响效应，并运用中介效应分析方法检验小额贷款公司经营行为在信贷市场竞争影响小额贷款公司经营绩效中的中介效应。同时，运用双重差分方法，实证检验小额贷款公司对农民收入和消费的社会福利影响。

　　第三，在研究内容上，本书不再局限于小额贷款公司内部经营管理角度分析小额贷款公司经营绩效影响因素，而是信贷市场竞争的视角进行分析，在一定程度上拓展了对小额贷款公司经营绩效影响因素的研究广度和深度。本书构建"信贷市场竞争—小额贷款公司经营行为—小额贷款公司经营绩效—小额贷款公司社会福利影响"的逻辑框架，提出小额贷款公司扎根"三农"深耕县域、助力我国脱贫攻坚战和乡村振兴战略的发展方向和路径。

目　录

第 1 章

绪　论

1.1　研究背景与意义

我国政府一直高度重视"三农"问题，党的十九大报告指出，"三农"问题是关系国计民生的根本性问题，必须始终把解决好"三农"问题作为全党工作的重中之重。[①] 中华人民共和国国民经济和社会发展第十三个五年规划纲要（简称"十三五"规划）提出实施精准扶贫、精准脱贫战略规划以及实现农村贫困人口全面脱贫的战略目标。[②] 2018 年中央一号文件，提出实施乡村振兴战略。[③] 农村金融对于破解"三农"问题至关重要，完善而高效的农村金融体系有利于提高农民收入和福利、减少农村贫困人口和促进农村经济增长。研究表明发展中国家农村金融市场效率普遍低下，农村信贷约束现象严重（Stiglitz and Weiss，1981；Carter，1988；Anjini Kochar，1997）。与其他发展中国家相似，我国农村金融市场存在着广泛的信贷约束，根据 2012 年世界银行发布的《金融包容性指数》（Global Findex），我国农村居民中拥有银行业金融机构账户的比例为 58.01%，使用银行账户进行储蓄的比例为 27.02%，从银行业金融机构获得贷款的比例为 6.92%。中国人民银行发布的《中国农村金融服务报告

---

① 习近平：决胜全面建成小康社会　夺取新时代中国特色社会主义伟大胜利 [EB/OL]. 新华网，2017 – 10 – 27.

② 中华人民共和国国民经济和社会发展第十三个五年规划纲要 [EB/OL]. 新华网，2016 – 03 – 17.

③ 中共中央　国务院关于实施乡村振兴战略的意见 [EB/OL]. 新华网，2018 – 02 – 04.

2016》显示，截至 2016 年末，我国涉农贷款余额 28.2 万亿元，占各项贷款的比重为 26.5%，但涉农贷款中农户贷款余额为 2.7 万亿元，占涉农贷款的比重仅为 9.57%。

我国农村金融市场上的信贷约束主要源于金融供给不足，降低了农户金融服务的可得性，农村金融市场供求矛盾突出（乔海曙，2001；何志雄，2003；张杰，2004；何德旭等，2007；刘西川，2009；王修华，2011）。我国农村金融体系主要由商业性、政策性和合作性金融机构组成，主要包括中国农业银行、中国农业发展银行、邮政储蓄银行和农村商业银行等为主导的农村金融机构。由于农村信贷市场的高风险、高成本、低收益、信息不对称等特征，使得以追逐商业利润为目标的银行业金融机构不愿意向中小农户提供信贷支持，而更乐意为那些集中于城市地区的大中型企业提供融资服务，中国金融系统存在明显的"城市化倾向"。在银行业金融机构的空间分布上，县域及以下银行业金融机构种类及数量与城市相比依然处于劣势。这使得我国金融资源配置不合理，农村金融市场信贷供给不足、长期处于贫血状态。

为了满足日益增长的农村信贷融资的需求，缓解农户和小微企业的融资困境，近年来我国政府不断采取金融深化政策，大力深化农村金融体系改革，加快金融供给侧改革步伐，逐步降低农村金融市场的准入门槛。2005 年在四川、贵州、内蒙古、陕西和山西五省份进行小额贷款公司（以下或称小贷公司）的试点，2006 年允许设立包括村镇银行、贷款公司与农村资金互助社在内的三类新型农村金融机构，2008 年在全国开展小额贷款公司的试点，逐步实现我国农村金融市场的多元化和多层次发展。截至 2016 年末，全国村镇银行、农村资金互助社、贷款公司、小额贷款公司总数达到 12091 家[①]。

小额贷款公司（micro-credit company）的设立目的是政府为了"有效配置金融资源，引导资金流向农村和欠发达地区，改善农村地区金融服务，促进农业、农民和农村经济发展"[②]，引导和扶持新型的、以社会利益为导向的新型农村机构所进行的尝试，是对传统农村金融市场的一种补充，是我国农村金融体系和普惠金融体系的新生力量。

据中国人民银行统计数据显示，截至 2017 年 12 月末，全国共有小额

---

① 资料来自《2017 年中国区域金融运行报告》。
② 银监会央行发布关于小额贷款公司试点的指导意见 [EB/OL]. 中华人民共和国中央人民政府，2008 - 05 - 08.

贷款公司 8551 家，从业人员 103988 人，实收资本 8270 亿元，贷款余额
9799 亿元（见表 1 -1）。在小额贷款公司 10 年的发展历程中，有高峰也
有低谷，2009 ~ 2014 年为快速发展时期，机构数量和从业人员高速扩张，
但自 2015 年开始进入缓慢发展时期，机构数量和从业人员呈现双降。小
额贷款公司贷款余额总体呈增长态势，自 2014 年起基本稳定，2015 年和
2016 年有所下滑，2017 年出现小幅回升，同时自 2014 年起占金融机构总
贷款余额的比重呈下降趋势（见图 1 -1）。

表 1 -1　　　　　　　2010 ~ 2017 年我国小额贷款公司发展指标

年份	机构数量（家）	从业人员（人）	实收资本（亿元）	贷款余额（亿元）
2010	2614	27884	1780	1975
2011	4282	47088	3318	3914
2012	6080	70343	5146	5921
2013	7839	95136	7133	8191
2014	8791	109948	8283	9420
2015	8910	117344	8459	9412
2016	8673	108881	8233	9272
2017	8551	103988	8270	9799

资料来源：中国人民银行。

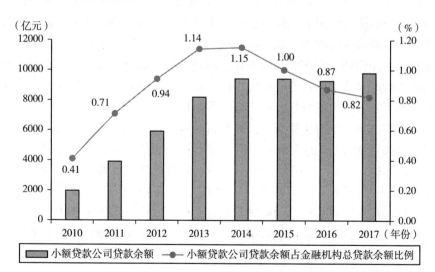

图 1 -1　小额贷款公司贷款余额及占比

资料来源：Wind 数据库。

经过 10 年的大浪淘沙，小额贷款公司的经营状况呈现出很大的差异。有些小额贷款公司经营良好并取得不同程度的成功，经营规模扩张，客户数量增长，成功在资本市场上市融资等。据统计截至 2017 年 6 月，共有46 家小额贷款公司成功实现在资本市场上市（挂牌），其中 43 家在新三板（基础层）挂牌，3 家在中国香港上市。但也有的小额贷款公司遭遇发展瓶颈、陷入经营困境、存在风险隐患等等，甚至被取消试点资格、退出市场。同时，受政策的引导，越来越多的银行金融机构也开始关注小额信贷市场，比如在 2017 年 5 月，中国银监会推出《大中型商业银行设立普惠金融事业部实施方案》。同时，P2P 网贷也凭借着互联网优势进军小额信贷市场，小额贷款公司面临的信贷市场竞争日趋激烈。在此背景下，小额贷款公司的经营绩效影响因素及其健康可持续发展问题日益引起理论界和实务界的高度关注和激烈探讨。

国内外文献围绕小额信贷机构经营绩效及其影响因素进行了相关探讨和研究，最初一些文献主要从小额信贷机构的内部经营管理方面（Hartarska et al.，2005；Mersland et al.，2009；Strom et al.，2014）寻找原因，但近年来一些文献（Gonzalez，2007；Krauss and Walter，2008；Hermes，2009；Cull，2009；Ahlin et al.，2011；Vanroose，2013）提出小额信贷机构的经营绩效不仅受内部组织管理的影响，而且与其所处的国家或地区的外部宏观经济金融环境紧密相关，尤其是受区域信贷市场竞争水平的影响。他们的研究结果表明区域信贷市场竞争是影响小额贷款公司经营绩效的一个重要决定性因素。在不同区域、不同信贷市场竞争环境下，小额信贷机构的经营绩效存在明显的差异。但是，关于信贷市场竞争水平对小额信贷机构的经营绩效具有积极的正向影响，还是消极的负向影响，现有文献仍然存在着较大的分歧，尚无统一的定论。

信贷市场竞争对小额贷款公司经营绩效存在什么影响？是提高还是降低了小额贷款公司的经营绩效？对小额贷款公司的双重经营绩效是否存在差异性影响？信贷市场竞争对小额贷款公司经营绩效的影响机制为何？小额贷款公司的发展是否存在着目标偏离（mission drift）？小额贷款公司是否发挥了提高农民福祉、增收减贫的社会福利效应？本书基于山东省县域小额贷款公司的非平衡面板数据，实证检验信贷市场竞争对小额贷款公司经营绩效的影响效应和影响机理，以及小额贷款公司的社会福利影响，试图对以上问题进行解答。

对上述问题的研究，具有重要的理论意义和现实意义。在理论意义方面，丰富和拓展了信贷市场竞争与小额贷款公司经营绩效的研究深度和研究广度，在一定程度上可以补充现有研究的不足，有利于进一步完善小额信贷理论。在现实意义方面，有利于在充分认识和把握信贷市场竞争对小额贷款公司经营绩效影响的基础上，提出提升小额贷款公司经营绩效和实现可持续发展的对策措施，引导小额贷款公司扎根"三农"深耕县域、补充传统农村金融机构供给的不足。在我国小额贷款公司发展 10 周年之际，这对于改善我国农村金融服务、完善农村金融体系和普惠金融体系、实现脱贫攻坚战和乡村振兴战略目标具有很强的现实意义和政策意义。

1.2　关键概念界定

对于所有问题的研究，首先需要对所研究的问题，进行科学严谨的概念界定，因此本书首先对小额贷款公司、经营绩效、社会福利影响、信贷市场竞争等关键概念进行界定。

1.2.1　小额贷款公司

根据《关于小额贷款公司试点的指导意见》（以下简称《指导意见》），"小额贷款公司是由自然人、企业法人与其他社会组织投资设立，不吸收公众存款，经营小额贷款业务的有限责任公司或股份有限公司。小额贷款公司由自然人、企业法人和其他社会组织出资设立，主要资金来源为股东缴纳的资本金、捐赠资金，以及来自不超过两个银行业金融机构的融入资金"。

小额贷款公司是一种以低收入群体、农户和小微企业为主要服务对象的小额分散的一种新型或创新型金融服务方式，属于小额信贷机构（microfinance institution）的一种①。小额贷款公司既是金融服务的创新，也是重要的扶贫方式，通过为贫困农户和微型企业提供信贷服务，激发弱势群体创业的激情和主动性，使其实现自我就业和自我发展。小额贷款公司在民间资金和农户、小微企业之间发挥桥梁作用，是传统金融体系的有益和

---

① 文献中经常使用 Microfinance Institution（微型金融机构）或 Microcredit Institution（小额信贷机构），我国较多采用小额信贷机构概念，本书对两者不进行严格区分，行文中交叉使用这两个概念。

重要的补充，在一定程度上填补了银行业金融机构不愿涉足或供给不足所形成的金融服务空白或缺失。

1.2.2　小额贷款公司经营绩效

根据《指导意见》，"小额贷款公司发放贷款，应坚持'小额、分散'的原则，鼓励小额贷款公司面向农民和小微企业提供信贷服务，着力提高客户数量和服务覆盖面"。小额贷款公司经营绩效呈现出财务绩效和社会绩效的双重绩效表现，不仅包括一般意义的财务绩效（financial performance），还包括社会绩效（social performance），即双重绩效。财务绩效是指小额贷款公司可以持续地开展信贷业务活动的能力，即产生足够的收入至少能够偿付所有投入和资产的机会成本，财务持续目标具体包括盈利能力、运营效率和贷款质量等方面内容。对于社会绩效的定义，学术界还没有统一的观点。旨在促进小额信贷机构社会绩效管理的组织 Imp‐Act 联盟（Imp‐Act Consortium，2004）提出社会绩效是小额信贷机构社会目标转化为社会实践的具体过程。施赖纳（Schreiner，2002）提出小额信贷机构社会绩效包含广度（breadth）、深度（depth）、长度（length）、种类（scope）、客户价值（worth of users）和客户成本（cost to users）六个方面的内容。在国内外研究中，一般主要考虑小额信贷机构的社会绩效广度与社会绩效深度两个方面，社会绩效广度是指小额信贷服务的覆盖广度；社会绩效深度是指服务客户的贫困程度，服务的客户越贫困，表明社会绩效深度越高。

1.2.3　小额贷款公司社会福利影响

近年来，随着小额信贷机构在世界范围的蓬勃发展，对于小额信贷机构所产生的社会福利影响，引起广泛的关注和探讨。泽勒等（Zeller et al.，2003）提出小额信贷机构的社会福利影响（social impact）是指由于小额信贷机构提供的小额信贷带来的客户和非客户（以及更广泛的地区、国家或全球团体）的生活福利和质量的变化。换言之，社会福利影响是指小额信贷给贫困人口和社会带来的正的影响，具体包括小额信贷产生的增加收入、减少贫困、促进消费、创造就业、改善健康、改善儿童教育等社会福利效应。

1.2.4 信贷市场竞争

信贷市场竞争是指信贷市场中不同信贷机构在数量、规模和市场份额上的相对关系以及由此决定的信贷市场的垄断—竞争形式。在经济学中，一般根据一个行业中企业的数量和规模状况来界定竞争和垄断。行业中的厂商数量越多，每个厂商的规模越小，意味着这个行业的市场竞争就越激烈；反之，厂商的数量越少，每个厂商的规模越大，则这个行业的市场竞争就越弱、垄断越强。与其他行业有所不同，由于大多数国家对金融机构实施严格的市场准入审批，使得金融市场基本处于完全垄断市场或垄断竞争市场的状态。

由于我国金融体系存在明显的"城市化倾向"，在金融机构的空间分布上，县域及以下金融机构的种类及数量都远远低于城市。我国县域信贷市场主要以中国农业银行、中国农业发展银行、农村商业银行、邮政储蓄银行等银行业金融机构为主导。同时，金融体系中银行业金融机构与小额贷款公司的业务最为相似、关联最为密切，并且受政策的指引，近年来银行业金融机构逐渐开拓小额信贷市场。所以，本书中的信贷市场竞争，主要是指县域小额贷款公司所面临的来自县域银行业金融机构的市场竞争。一般来说，县域银行业金融机构发展程度越高，则该县域小额贷款公司面临的来自银行业金融机构的市场竞争越激烈。

1.3 研究思路与结构安排

1.3.1 研究思路

本书以山东省设立在县域的小额贷款公司为研究样本，研究信贷市场竞争对小额贷款公司经营绩效的影响及其作用机制，基于产业组织理论的SCP范式，构建"信贷市场竞争—小贷公司经营行为—小贷公司经营绩效—小贷公司社会福利影响"的逻辑框架，为促进小额贷款公司的可持续发展、完善我国农村金融体系和普惠金融体系提供一定的理论分析和政策建议。本书的技术路线图如图 1-2 所示。

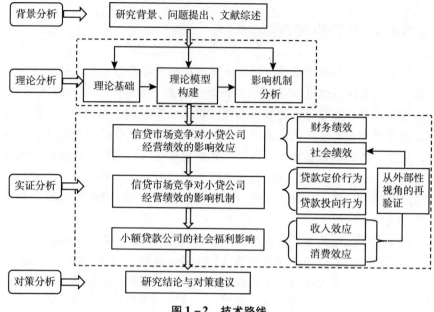

图 1 - 2　技术路线

1.3.2　结构安排

根据以上的研究思路，本书共划分为 8 个章节，各个章节的具体内容简述如下：

第 1 章绪论。本章阐述研究背景和研究意义，剖析研究思路与结构安排，介绍研究方法与数据来源，总结研究创新点和存在的不足，并提出未来研究方向。

第 2 章文献综述。本章梳理了小额信贷机构财务绩效和社会绩效界定和衡量指标、小额信贷机构财务绩效和社会绩效的关系、信贷市场竞争对小额信贷机构经营绩效的影响、小额信贷机构的社会福利影响等国内外相关文献，梳理了该研究领域内的研究演进和最新进展。

第 3 章山东省县域信贷市场与小额贷款公司发展概况。本章首先阐述山东省县域信贷市场的发展概况以及存在的问题；其次以山东省小额贷款公司数据为例，详细分析山东省小额贷款公司的县域分布、贷款投放、贷款利率以及资金融入等经营特征。

第 4 章理论分析。本章在对相关理论进行梳理的基础上，提炼理论分析框架，以小额贷款公司与银行业金融机构的异质性为切入点，借助博弈论等分析方法，构建信贷市场竞争影响小额贷款公司经营绩效和经营行为的理论模型，从理论角度深度挖掘信贷市场竞争影响小额贷款公司经营绩效的影响机理，以及社会福利效应的影响机理。

第 5 章信贷市场竞争对小额贷款公司经营绩效影响效应的实证分析。本章基于 2011～2016 年山东省 87 个县（县级市）199 家小额贷款公司的面板数据，构建面板计量经济模型，运用固定效应模型、面板工具变量法等计量方法，实证检验信贷市场竞争对小额贷款公司财务绩效和社会绩效的影响效应。

第 6 章信贷市场竞争对小额贷款公司经营绩效影响机制的实证分析。本章在 2011～2016 年山东省 87 个县（县级市）199 家小额贷款公司的面板数据基础上，构建面板计量经济模型，实证检验信贷市场竞争通过影响小额贷款公司经营行为，而最终作用于经营绩效的影响机制，小额贷款公司的经营行为具体包括对贷款定价行为和贷款投向行为的影响。同时，运用中介效应检验方法，实证检验小额贷款公司经营行为在信贷市场竞争影响小额贷款公司经营绩效中的中介作用。

第 7 章小额贷款公司社会福利影响的实证分析。本章以山东省 87 个县（县级市）2008～2016 年的面板数据为样本，基于小额贷款公司试点在不同县（县级市）分层推进的“准自然实验特点”，运用双重差分估计方法，实证检验小额贷款公司设立对农民收入和农民消费水平的社会福利影响效应，从外部政策效应角度进一步验证小额贷款公司的社会绩效。

第 8 章研究结论与政策建议。本章对前面各章的研究结果进行归纳总结，得出全文总的研究结论。并在研究结论基础上，提出提高小额贷款公司经营绩效、促进小额贷款公司可持续发展、实现银行业金融机构与小额贷款公司之间协调发展的对策措施，以更好地提高金融资源配置效率、完善农村金融服务体系、促进“三农”发展、助力扶贫攻坚战和乡村振兴战略。

1.4　研究方法与数据来源

1.4.1　研究方法

1. 文献研究法

通过搜集、阅读、整理、归纳分析信贷市场竞争与小额贷款公司经营绩效以及小额贷款公司社会福利影响的国内外相关文献资料，梳理和把握相关领域的研究进程和最新研究成果，为本书的研究分析工作提供了坚实的基础和支撑，并在此基础上构建本书的研究视角和研究主题。

2. 比较分析法

首先，比较小额贷款公司与银行业金融机构的异质性。其次，比较信贷市场竞争对小额贷款公司财务绩效和社会绩效影响的差异。最后，比较信贷市场竞争对小额贷款公司经营行为影响的差异。

3. 理论分析法

基于金融抑制和金融深化理论、信息不对称和交易成本理论、产业组织理论等理论基础，提炼理论分析框架，并借助博弈论等分析方法，通过构建理论模型，对信贷市场竞争对小额贷款公司经营绩效的影响机理进行建模分析。

4. 实证分析法

首先，基于山东省县域小额贷款公司的面板数据，运用面板固定效应模型、面板工具变量法等计量方法，实证检验信贷市场竞争对小额贷款公司经营绩效和经营行为的影响；其次，运用中介效应分析方法，实证检验小额贷款公司经营行为在信贷市场竞争影响小额贷款公司经营绩效中发挥的中介效应；最后，基于小额贷款公司试点在不同县（县级市）分层推进的"准自然实验特点"，运用双重差分估计方法实证检验小额贷款公司试点对农民收入和消费水平的影响效应。

1.4.2　数据来源

本书的研究依托于国家自然科学基金面上项目"小额贷款公司系统性风险评估与度量研究（批准号：71273155）"。本书选取山东省设立在县域的小额贷款公司作为研究样本，自 2008 年试点以来山东省小额贷款公司不断发展，从最初的 10 余家增加到 2017 年的 300 余家。山东省小额贷款公司一直紧跟国家政策并居于全国的中上游水平，同时山东省作为我国的经济金融大省和农业大省，其产业结构和"三农"发展在全国很具有代表性，所以山东省小额贷款公司样本具有较强的区域代表性，可以反映全国小额贷款公司的基本发展状况。

山东省小额贷款公司经营绩效和发展特征数据来源于山东省金融工作办公室统计的 2009 年以来山东省小额贷款公司的经营情况统计表，涵盖山东省辖内所有小额贷款公司的贷款信息、财务信息和融资信息等多方面的数据，详尽地反映了山东省小额贷款公司的经营和发展情况，此数据为官方统计数据，数据真实可靠，数据质量较高，为全面分析信贷市场竞争与小额贷款公司经营绩效的关系提供了可靠而有力的数据支撑。同时，实地走访了济南和潍坊等多家小额贷款公司，并通过座谈交流以及问卷调查等形式掌握了山东省小额贷款公司的具体经营情况。

由于我国农村金融发展不够完善，设立在县域的小额贷款公司更贴近农村经济金融的现实，是农村金融体系的一个重要组成部分，是本书主要的分析对象。本书选取 2011～2016 年山东省县域小额贷款公司的经营数据，剔除了被取消试点资格、异常值和缺失数据的公司，保留连续两年以上可以观测样本的小额贷款公司，最后共获得 2011～2016 年山东省 87 个县（县级市）的 199 家小额贷款公司的微观面板数据。同时，为分析小额贷款公司试点的社会福利影响，本书选取山东省 87 个县（县级市）2008～2016 年的宏观面板数据作为样本。

1.5   主要创新与不足

1.5.1   主要创新

本书的创新点主要包括以下几个方面：

（1）在研究视角和研究主题上，研究信贷市场竞争对小额贷款公司经营绩效的影响效应和影响机制，并基于县域小额贷款公司的微观数据进行实证分析，研究视角和研究主题都比较新颖。由于我国推行小额贷款公司的时间仍然比较短，目前国内关于信贷市场竞争对小额贷款公司经营绩效影响效应及影响机制的问题鲜有探讨，基于县域视角的实证分析较匮乏。本书基于 2011～2016 年山东省 87 个县（县级市）199 家小额贷款公司的面板数据，样本量比较充足，并创新性地从县域微观视角进行深入分析。

（2）在研究方法上，本书基于山东省县域小额贷款公司的面板数据构建面板数据模型，使用面板固定效应模型、面板工具变量法实证检验信贷市场竞争对小额贷款公司经营绩效的影响效应，并结合心理学研究方法——中介效应检验，运用中介效应检验小额贷款公司经营行为在信贷市场竞争影响小额贷款公司经营绩效中是否具有中介效应以及作用的方向和大小。同时，基于小额贷款公司试点在不同县（县级市）分层推进的"准自然实验特点"，运用双重差分估计方法，实证检验了小额贷款公司试点对农民收入和消费的影响效应。

（3）在研究内容上，本书不再局限于小额贷款公司内部经营管理角度分析小额贷款公司经营绩效影响因素，而是从信贷市场竞争的视角进行分析，在一定程度上拓展了对小额贷款公司经营绩效影响因素的研究广度和研究深度。本书提出"信贷市场竞争—小贷公司经营行为—小贷公司经营绩效—小贷公司社会福利影响"的逻辑框架，并探讨了小额贷款公司扎根"三农"深耕县域、补充传统农村金融机构供给不足、助力我国脱贫攻坚战和乡村振兴战略的发展方向和路径。

1.5.2　不足之处

受限于研究能力和条件等因素，本书主要存在以下不足之处：

（1）本书试图构建信贷市场竞争对小额贷款公司经营绩效的影响效应及其影响机制的理论框架，虽然研究中通过信贷市场竞争对小额贷款公司经营行为的影响分析了其影响机制，但是限于研究数据和研究方法的局限性，以及金融市场的复杂多变性，模型的刻画和分析可能并不能完全反映现实中信贷市场竞争与小额贷款公司经营绩效的关系和影响机制。

（2）由于我国推行小额贷款公司的时间仍然比较短，小额贷款公司微观经营数据比较稀缺，系统完整的数据获取相对比较困难，本书主要采用山东省县域小额贷款公司的微观面板数据进行实证检验，缺乏全国范围小额贷款公司经营绩效的微观数据和实证检验。待小额贷款公司的数据得到完善，可以采用全国县域小额贷款公司的微观经营数据进行实证检验，从而更好地比较不同省份或经济区域的影响差异，实证结果将更为稳健。

今后笔者将继续追踪小额贷款公司经营绩效的国内外最新研究进展，进一步搜集、整理、完善全国范围内县域小额贷款公司的经营数据，并寻找更加有效地计量工具和研究方法对小额贷款公司经营绩效问题进行深入研究。

| 第 2 章 |
文 献 综 述

2.1　小额信贷机构经营绩效

　　双重目标下的小额信贷机构呈现出财务绩效和社会绩效的双重绩效，因此小额信贷机构经营绩效主要包括财务绩效和社会绩效两个方面。

2.1.1　财务绩效

　　小额信贷机构的财务绩效主要是指小额信贷机构的收益可以覆盖经营成本和经营风险，可以不依赖补贴或捐赠，独立、持续地开展业务活动。对于小额贷款公司财务绩效的评价，现有的研究中评价指标基本一致。世界银行扶贫咨询小组（CGAP）和小企业教育促进会（SEEP）分别组织构建的财务绩效指标体系，是目前比较成熟完善的指标体系。世界银行扶贫咨询小组提出的小额信贷机构的财务绩效指标体系，主要涵盖盈利能力、运营效率和贷款质量三个方面。小企业教育促进会设计的财务绩效指标体系，主要包括金融持续性、运营效率和业务质量三个方面。这两大评价指标体系在指标的选取和设置上具有很多相似点，其中的核心指标包括经营可持续（OSS）、财务可持续（FSS）、净资产收益率（ROE）和资产收益率（ROA）。

　　经营可持续（OSS）反映小额信贷机构通过经营收入来补偿经营成本的能力。财务可持续（FSS）反映小额信贷机构依靠内部自我资金的运营，而不依赖外部捐赠或补贴，实现可持续发展的能力。净资产收益率

（ROE）反映小额信贷机构运用资本获得收益的能力，资产收益率（ROA）反映小额信贷机构每单位资产所创造的净利润。

$$OSS = \frac{经营收入}{经营费用 + 资金成本 + 贷款损失准备金} \qquad (2-1)$$

$$FSS = \frac{经营收入}{经营费用 + 资金成本 + 贷款损失准备金 + 财务成本 + 资金机会成本}$$

$$(2-2)$$

2.1.2　社会绩效

最初，多数研究主要依照传统商业银行财务绩效的思路来分析小额信贷机构的技术绩效、成本绩效等，而不涉及社会绩效。随着小额信贷机构双重绩效研究的深入，逐步意识到小额信贷机构社会绩效的重要性，对小额信贷机构绩效的研究逐渐从传统的财务绩效延伸到社会绩效。对于小额信贷机构的社会绩效，由于比较难以量化，尚未形成完整的评价指标体系。因此，对于社会绩效的定义，学术界还没有统一的观点。

关于小额信贷机构社会绩效的界定，促进小额信贷机构社会绩效管理的组织 Imp-Act 联盟（2004）提出社会绩效是小额信贷机构社会目标转化为社会实践的具体过程。泽勒等（Zeller et al.，2003）在《社会绩效指标创新》（Social Performance Indicators Initiative（SPI）Report）报告中将小额信贷机构的社会绩效定义为，小额信贷机构的社会绩效（Social Performance）是由该机构和其客户以及其他利益相关团体的关联所构成。他们认为社会绩效不等同于社会福利影响（social impact），社会福利影响是指由于小额信贷机构的行为而带来的客户和非客户（以及更广泛的地区、国家或全球团体）的生活福利和质量的变化。他们提出根据产业组织理论的结构（structure）—行为（conduct）—绩效（performance）（SCP）范式，小额信贷机构的社会福利影响跟随在结构、行为和绩效的后面，即"结构（structure）—行为（conduct）—绩效（performance）—影响（impact）"的逻辑框架，这也是贯穿本书的逻辑主线。

小企业教育与提升组织（SEEP）的小额信贷学者辛哈（Sinha，2006）提出，小额信贷机构社会绩效是将机构的改善贫困人群及其家庭的生活状况、拓展他们家庭的发展机会等使命转变成现实的一个过程。世界银行扶贫咨询小组的小额信贷学者哈希米（Hashemi，2007）提出，"小额信贷机构社会绩效是一种社会和经济结果，并与财务绩效一起构成小额信贷机构的双重目标"。张正平和梁毅菲（2013）将小额贷款公司社会绩效的内涵定义为："向农户、农村工商户以及小微企业提供额度较小、期限较短的贷款，缓解三农和小微企业贷款难"。

关于社会绩效的衡量指标体系，施赖纳（Schreiner，2002）提出小额信贷机构社会绩效的测量包含广度（breadth）、深度（depth）、长度（length）、种类（scope）、客户价值（worth of users）和客户成本（cost to users）六个维度。广度是指小额信贷机构服务的客户的数量，客户数量越多，则其覆盖越广。深度是指小额信贷机构向女性、低收入者、农户等弱势群体提供信贷服务，小额信贷机构服务的客户越贫困，其覆盖深度越高。长度是指提供小额信贷服务可持续的时间，小额信贷服务可持续的时间越长，则覆盖长度越长。种类是指小额信贷机构提供的金融产品的类型，小额信贷机构提供的金融产品种类越丰富，则提供的信贷服务越精细、越广泛。

客户价值是指客户的支付意愿，它与金融合同条款以及客户的偏好和需求相关，当贷款合同条款越能满足客户的需求时，则客户价值随之提高。客户成本是指客户获得小额信贷服务而产生的价格成本和交易成本的总和。价格成本是指客户的利息和手续费的直接现金支出，交易成本是包括非现金机会成本（比如，申请贷款所花费的时间）和非直接现金支出（比如，交通费用、饮食费用等）。小额信贷机构的覆盖广度越广、覆盖深度越深、覆盖长度越长、产品种类越多、客户价值越高、客户成本越低，则其社会绩效越高，社会价值和社会影响越大。

在国内外研究中，一般主要考虑小额信贷机构社会绩效广度与深度两个维度。小额信贷机构社会绩效广度的衡量指标主要包括贷款户数（number of active borrowers）、贷款总额（gross loan portfolio）、妇女贷款人数（number of women borrowers）等；社会绩效深度通常由户均贷款额度（average loan balance per borrower）或者"户均贷款额度与当地人均GDP之比"来衡量，由于不同地区、不同时间的经济发展水平存在很大的差异，所以卡尔等（Cull et al.，2009）、范鲁塞等（Vanroose et al.，2013）认为"户均贷款额度/当地人均GDP"这一指标更加客观合理，户均贷款额度越小或户均贷款额度与当地人均GDP之比越低，说明小额信贷机构服务的客户越贫困，社会绩效深度越高。

泽勒等（2003）构建了包含15个指标、60个问题、四个维度的小额信贷机构社会绩效的评价指标体系（social performance indicator initiative，

SPI），四个维度分别包括对贫困人口和正规金融排斥群体的覆盖、提供适应不同目标客户需求的服务和产品、客户和社区的社会和政治资本的改善、对员工、客户和社区的社会责任（见表 2 - 1），并得到了小额信贷信息交换机构（microfinance information exchange，MIX）的认可和使用。

表 2 - 1　　　　　　　小额信贷机构的社会绩效及社会福利影响

	社会方面	经济、金融方面
小额信贷机构的社会绩效（Social Performance）	- 对贫困人口和正规金融排斥群体的覆盖 - 为目标客户服务和产品的适应性改变 - 客户和社区的社会和政治资本的改善 - 小额信贷机构的社会责任	- 组合质量 - 生产效率 - 财务管理 - 盈利能力 - 金融服务的质量和多样性
小额信贷机构的社会福利影响（Social Impact）	- 为正规金融排斥群体创造就业 - 赋能授权：个人在家庭和社区中的地位、社会资本的构建 - 健康改善 - 儿童教育等	- 收入和支出的改变 - 创造就业 - 资产和生活标准的改变 - 食品安全

资料来源：Zeller M，Lapenu M，Greely M. Measuring Social Performance of Micro-finance Institutions：A Proposal ［R］. Social Performance Indicators Initiative（SPI）Final Report，2003.

2005 年国际著名小额信贷机构——安信永国际（ACCION International）构建了"SOCIAL"六维度的社会绩效评价框架，提出从社会使命、社会覆盖、员工、客户服务、与周围社区的联系、信息透明与消费者保护等六个方面评估小额信贷机构的社会绩效。2006 年，小额信贷信息交换机构在小额信贷机构社会绩效标准报告中，构建了 22 个评估小额信贷机构社会绩效的核心指标。尼托等（Neito et al.，2007）将社会绩效引入到小额信贷机构的绩效评价体系中，选择总资产、营业支出和员工人数作为投入指标，选择妇女借款者数量和贫困指数作为产出指标，分析了小额信贷机构的社会绩效。安内姆（Annim，2010）进一步依据小额信贷机构的社会覆盖目标总结了范围、深度和广度三个方面的社会绩效，并重点考察了广度方面的社会绩效。

在国内研究中，杜晓山等（2011）基于小额信贷信息交换机构的 22 个社会绩效管理评价指标，并进行整合和梳理，从宗旨、战略、政策与执行和产出与成果四个方面对我国公益性和商业性小额信贷机构社会绩效管理现状进行比较研究。周孟亮（2012）基于国际经验和我国实践，从目标定位和内部政策行为、客户满意程度、社会目标实现情况和财务可持续四个角度设计了我国小额信贷机构的社会绩效评价指标体系，总共设计了40个指标，包含30个定量指标和10个定性指标。黄惠春等（2013）基于小额信贷机构的二元目标，设计了小额信贷机构二维目标的绩效评估指标体系，用以衡量财务绩效以及社会绩效（见表2-2）。张正平（2013）构建了一套包含目标选择、策略执行和社会影响三个维度的小额信贷机构社会绩效评价指标体系，总共选择了29个指标，其中定量指标10个，定性指标19个。

表 2-2　　　　　基于二维目标的小额信贷机构绩效评价指标体系

一级指标	二级指标/影响因素	三级指标
财务绩效	经营状况	资金来源、资产回报率、资本回报率、财务自给率
	贷款风险	贷款违约率、逾期贷款笔数比率
	经营成本	存款利率、财务费用、经营费用、管理费用
社会绩效	机构性质、经营目标	经营目标、机构性质、经营时间
	覆盖广度	网点数量、贷款总额、存款总额、活跃借款人数、活跃存款人数、贷款产品和服务
	覆盖深度	人均贷款额、人均存款额、贷款客户占比、存款客户占比、妇女贷款客户占比、贷款期限

资料来源：黄惠春，徐佳. 二元目标下小额信贷机构绩效评价与模式选择［J］. 金融纵横，2013（2）：77-82.

在国内外关于小额信贷机构绩效的实证研究，对于财务绩效和社会绩效的评价主要选取上述评价指标。在国外研究中，卡尔等（Cull et al.，2007）研究小额信贷机构的财务绩效和社会绩效关系时，选取平均贷款额/人均 GNP、平均贷款额/最贫穷的20% 人口的人均 GNP、妇女客户占比三个指标来衡量小额信贷机构的社会绩效，选取财务可持续（FSS）作为衡量小额信贷机构盈利能力的核心指标，为了稳健性同时也选取了经营可持续指标（OSS）和资产回报率（ROA）。范鲁塞等（Vanroose et al.，2013）在研究商业银行对小额信贷机构财务绩效和社会绩效的影响时，采用贷款户数和贷款总额衡量小额信贷机构的社会覆盖广度，同时采用户均贷款额度/当地人均 GDP 衡量社会覆盖深度；对于财务绩效的衡量，采用了经营可持续指标（OSS），因为不是所有的机构都报告了财务可持续

（FSS）数据，如果采用财务可持续指标将会严重损失样本量，所以同时采用资产收益率（ROA）进行了稳健性检验。此外，纳瓦哈斯等（Navajas et al.，2000）、施赖纳（Schreiner，2002）、哈塔斯卡（Hartarska，2005）、察尔（Kar，2012）等在小额信贷机构绩效研究中也采用类似的评价指标。

在国内实证研究中，杨虎锋和何广文（2014）研究治理机制对小额贷款公司绩效的影响中，采用资产收益率（ROA）和净资产收益率（ROE）两项指标来衡量小额贷款公司的财务绩效；对于社会绩效的衡量，采用平均单笔贷款余额/注册地人均地区生产总值反映社会绩效深度，贷款余额笔数反映社会绩效广度。邰蕾蕾和李麟（2014）实证分析公司治理对小额贷款公司绩效的影响，对小额贷款公司绩效的评价包括社会覆盖和财务可持续两个方面，选用借款人的数量衡量社会覆盖的宽度，使用平均贷款额衡量社会覆盖的深度，同时采用资产回报率（ROA）和经营可持续（OSS）衡量财务可持续。孙修远和何广文（2016）研究女性管理者对小额信贷机构绩效的影响中，使用资产收益率（ROA）和净资产收益率（ROE）评价小额信贷机构财务绩效；同时基于信贷服务的深度和广度两个角度评估社会绩效，使用客户平均贷款额度/人均国民收入指标评估服务深度，使用活跃客户人数衡量服务广度。

2.1.3　财务绩效与社会绩效的关系

关于小额信贷机构财务绩效与社会绩效的关系，小额信贷机构是否存在目标偏移，是否可以兼顾财务绩效和社会绩效、两者是否存在冲突和权衡，学术界一直存在着激烈的争论。马哈詹和拉蒙纳（Mahajan and Ramola，1996）基于小额信贷机构的社会覆盖和财务可持续两个目标，将小额信贷机构的绩效分为财务绩效和社会绩效两个维度，并由 X 轴和 Y 轴具体分为四种组合（见图 2 - 1）。如图 2 - 1 所示的四个象限中，第一象限是最优绩效的组合区间，同时实现高财务绩效和高社会绩效；在第二象限和第三象限中，社会绩效和财务绩效之间存在着权衡（Trade - off），高财务绩效则低社会绩效，反之则相反；第四象限的绩效组合最差，在这个象限小额信贷机构的财务绩效和社会绩效都比较低。

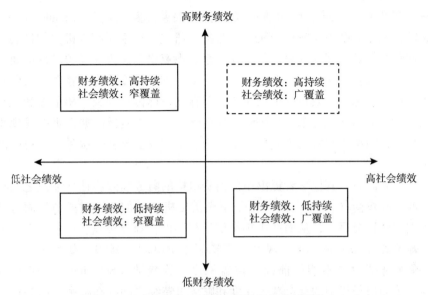

图 2 - 1 小额信贷机构财务绩效与社会绩效组合

资料来源：Mahajan V，Ramola BG. Financial Services for the Rural Poor and Women in India：Access and Sustainability [J]. Journal of International Development，1996，8（2）：211 - 224.

有的学者提出小额信贷机构的财务绩效与社会绩效是统一的，两者是可以协调的，小额信贷机构不存在目标偏移。康利（Conning，1999）、克里斯滕等（Christen et al.，2001）、帕克斯顿等（Paxton et al.，2002）提出社会覆盖面与财务可持续性二者相互促进。德雷克（Drake，2002）研究发现，如果小额信贷机构扩大资金的注入，可以提高对客户的服务覆盖，同时行业竞争有助于促进其实现产品创新和绩效提高，所以小额信贷机构社会绩效与财务绩效可以协调兼顾。卡尔等（Cull et al.，2007）提出目标偏离猜测，采用 49 个国家的 124 个小额信贷机构的数据，证明了小额信贷机构双重目标的可统一性。哈克等（Haq et al.，2010）在亚非拉地区 39 家微型金融机构数据的基础上，验证了微型金融机构的社会目标与可持续经营目标并不冲突，可以协调兼顾。

安内姆（Annim，2010）基于 2004～2008 年 164 家小额信贷机构的平衡面板数据，分别使用 DEA 方法和 SFA 方法考察了小额信贷机构的财务效率与社会效率，研究提出小额信贷机构的财务效率与社会效率之间存在正相关关系，而非权衡关系。奎斯（Quayes，2012）基于 83 个国家 702 家微型金融机构的数据，检验结果表明社会覆盖深度和财务可持续之间是正向互补关系，而不是此消彼长的替代关系。路易斯等（Louis et al.，2013）基于 650 家小额信贷机构的数据，研究发现小额信贷机构的社会绩效和财务绩效之间存在显著的正向关系。卢亚娟和孟德峰（2012）的研究发现小额贷款公司的盈利能力和支农广度、支农深度均为正相关，表明财务可持续目标和支农目标可以兼容，不存在目标偏离现象。胡金焱和梁巧慧（2015）基于山东省 17 个地市小额贷款公司的面板数据，研究发现小额贷款公司可以在实践中实现资本安全、资产收益与社会服务三个目标的统一。

与此同时，其他学者提出小额信贷机构的财务绩效和社会绩效之间存在冲突和权衡（trade - off），由于小额信贷机构更加关注财务绩效而背离了它们的社会目标，从而产生小额信贷机构的"嫌贫爱富""垒大户"等目标偏离（Mission Drift）现象。默多克（Morduch，1999）研究发现，良好的财务绩效并不能保证社会覆盖深度。施赖纳（Schreiner，2002）认为，小额信贷机构的社会覆盖深度和财务可持续之间存在权衡。因为社会覆盖深度目标要求向低收入的农户及小微企业发放小额贷款，但这不利于小额信贷机构的财务可持续性，或者小额信贷机构只能更加依赖于捐赠或补贴。同时，他提出了小额信贷机构社会绩效的整体分析框架，提出小额信贷机构的社会绩效主要包括 6 个方面。奥利瓦雷斯 - 波朗科（Olivares - Polanco，2005）基于 28 家拉丁美洲的小额信贷机构的数据，实证结果显示小额信贷机构的财务可持续性目标和社会覆盖深度目标之间存在权衡。麦金托升（McIntosh，2011）研究发现，小额信贷机构为了获得利润，而逐渐降低覆盖率深度，减少小额贷款的发放。

张正平（2011）提出小额信贷机构的社会目标与财务目标之间存在冲突，并可以通过引入社会绩效管理体系加以治理。杨虎锋和何广文（2012）采用 42 家小额贷款公司的调查数据，研究提出小额贷款公司的平均单笔贷款额度较大，倾向于服务县域内的微小企业和农村大户，其服务小微客户的社会目标与盈利目标之间存在着矛盾，最终抉择取决于小额贷款公司的管理者在这两个目标之间的权衡与选择。何剑伟（2012）基于西部小额贷款公司的调研数据，提出逐利性的小额信贷必然会存在着目标偏离，而益贫性小额信贷也会部分出现目标偏离。张正平和郭永春（2013）基于中外 488 家小额信贷机构的面板数据，研究发现机构类型、风险水平和经营年限是导致目标偏离的主要因素。

刘志友等（2013）研究提出，小额贷款公司经营可持续与其财务效率和社会效率存在正向影响，但是支农广度与财务效率两者负相关。董晓林和高瑾（2014）研究提出涉农贷款占比对运营效率存在显著的负向影响，平均单笔贷款规模与运营效率之间显著正相关，表明财务可持续与支农目标之间存在权衡。傅昌銮和朱西湖（2016）利用 2010~2012 年浙江省小额贷款公司的数据，指出小额贷款公司在财务目标和社会目标之间存在权衡取舍。

2.2　信贷市场竞争对小额信贷机构经营绩效影响

2.2.1　正面影响

近年来，随着小额信贷机构的迅速发展，小额信贷机构经营绩效及其影响因素引起国内外学者的日益关注。一些学者主要是从小额信贷机构内部经营管理角度分析小额信贷机构经营绩效的影响因素。

在国外研究中，哈塔斯卡等（Hartarska et al.，2005）研究提出董事数量对小额信贷机构的财务绩效和社会绩效存在负向影响，而小额信贷机构的财务透明度与财务绩效呈正相关。梅斯兰特等（Mersland et al.，2009）研究发现拥有当地董事的微型金融机构的财务绩效更优，同时董事长和总经理分设更有利于提高社会覆盖面。斯托姆（Strom et al.，2014）基于 1998~2008 年 73 个国家 329 家小额信贷机构的面板数据，考察了微型金融机构的女性管理者、公司绩效与公司治理之间的关系。研究发现，女性管理者与董事会规模和妇女客户数量具有显著的正向关系，并且女性董事和女性经理与小额信贷机构绩效正相关。

在国内研究中，杨小丽和董晓林（2012）研究了不同贷款结构对小额贷款公司经营绩效的影响，研究发现中小企业贷款比例、贷款集中度、贷款利率等与小额贷款公司经营绩效负相关。杨虎锋和何广文（2014）分析了治理机制对小额贷款公司财务绩效和社会绩效的影响，提出股权集中度与小额贷款公司的财务绩效负相关，但与社会绩效正相关；董事会规模与财务绩效负相关，但对社会绩效影响不显著。邰蕾蕾和李麟（2014）研究提出公司治理结构对小额贷款公司财务可持续性具有显著影响，但对覆盖力的影响相对较小。孙修远和何广文（2016）研究发现，女性董事、女性经理比例与微型金融机构财务绩效正相关，女性经理比例与社会绩效正相关。

同时，一些学者提出小额信贷机构的经营绩效不仅受其内部组织管理因素的影响，而且受其外部宏观经济金融环境，尤其是受区域信贷市场竞争水平的影响。但区域信贷市场竞争水平对小额信贷机构的经营绩效是存在正向影响还是负向影响？目前研究结论仍存在分歧。

有的学者提出信贷市场竞争有助于改善小额信贷机构的经营绩效，认为信贷市场竞争给小额信贷机构带来的竞争压力，有利于推动金融产品创新，带来更好的客户服务、更低的成本和更低的利率。在国外研究中，赫耳墨斯等（Hermes et al.，2009）认为小额信贷机构效率受信贷市场竞争的影响，但小额信贷机构效率与信贷市场竞争的关系并不清晰且存在双向影响。一方面，完善的金融市场为小额信贷机构提供了一个有利于其蓬勃发展的环境并提高它们的效率，但另一方面，发达的金融市场又有可能会替代小额信贷机构，降低对它们服务的需求，并潜在降低它们的效率。因此，他们运用1997～2007年435家小额信贷机构的数据，实证分析信贷市场竞争与微型金融机构经营效率的关系，结果表明区域金融市场发展水平和小额信贷机构效率之间存在显著的正相关关系，即发展越完善的金融体系产生越有效的小额信贷机构，金融发展程度越高，增加了小额信贷机构的竞争压力，从而推动了小额信贷机构积极提高效率的动力。

卡尔等（Cull et al.，2009）基于38个发展中国家的238家小额信贷机构的面板数据，实证检验区域银行业金融机构的发展水平对小额信贷机构的盈利能力和社会覆盖的影响，研究结果显示银行业金融机构发展对小额信贷机构的户均贷款额度存在显著的负向影响，对小额信贷机构的妇女贷款占比存在显著的正向影响。在银行业金融机构发展越完善的地区，由于银行业金融机构的市场竞争，小额信贷机构的社会覆盖深度越深、向更贫困、更低端的市场下沉，具体反映在更低的户均贷款额度以及更多的妇女贷款，同时研究发现银行业金融机构发展水平对小额信贷机构的盈利能力并不存在显著的影响。

阿林等（Ahlin et al.，2010）基于38个发展中国家238家小额信贷机构的面板数据，研究发现各国宏观经济金融环境是影响小额信贷机构绩效和发展的重要因素，在金融发展程度高、区域信贷市场竞争激烈的经济体，小额信贷机构经营成本和违约率较低，同时利率水平也较低，表明信贷市场竞争有利于小额信贷机构效率的提升，从而使小额贷款者受益。派利勒斯（Perilleux, 2010）使用 1980～2008 年 73 个国家的面板数据，研究了国内银行部门发展对小额信贷机构扩张的影响，采用合作金融公司的数量与全国人口之比作为衡量小额信贷机构扩张的指标，实证分析显示，银行部门的深化发展有助于推动小额信贷机构的扩张。

在国内研究中，陆智强等（2015）采用 2007～2013 年我国 503 家村镇银行的数据，实证检验金融发展水平对村镇银行投入资本的影响。研究结果表明，金融发展水平越高的地区，村镇银行的投入资本规模越大。这说明村镇银行更倾向于将资本注入金融发展较完善的地区，而不是金融供给匮乏、金融市场竞争不充分的欠发达地区，并提出这有悖于银监会设立村镇银行的初衷。卢立香（2016）认为正规金融主要通过理性羊群效应、竞争效应和合作效应来影响小额贷款公司的发展，基于山东省小额贷款公司的县域发展数据，实证结果显示正规金融对小额贷款公司发展具有显著的正向影响，在正规金融越落后的县域，小额贷款公司的发展数量和规模越小。

2.2.2 负面影响

有的学者提出信贷市场竞争对小额信贷机构的经营绩效具有负面影响。信贷市场竞争可能会使小额信贷机构为了赢得客户和扩大市场份额而降低贷款标准，也可能使信息不对称更加严重，导致小额信贷机构难以了解客户的总债务水平，从而导致借款人同时从多个小额信贷机构借款、借款人过度负债、贷款质量下降和贷款偿还率下降等。同时，信贷市场竞争可能会使小额信贷机构为了降低成本、增加盈利，而减少对贫困客户的贷款、提高平均每户贷款额度，追逐利润相对较大的大客户，导致社会覆盖深度的下降。

在国外研究中，伯格等（Berger et al., 1998）研究提出激烈的信贷市场竞争可能会减少微型金融机构对风险较大、成本较高和相对贫困客户的贷款，进而降低了社会覆盖面。奥利瓦雷斯－波朗科（Olivares－Polanco, 2005）选取了 28 家拉丁美洲的小额信贷机构，实证检验信贷市场竞争对小额信贷机构社会覆盖深度的影响，结果显示信贷市场竞争越激烈，则平均每户贷款额度越大、社会覆盖深度越低，表明信贷市场竞争可能驱使小额信贷机构追逐利润较高的大客户。麦金托什等（McIntosh et al., 2005）使用乌干达小额信贷机构的数据，研究信贷市场竞争对小额信贷机构客户行为的影响，研究发现信贷市场竞争程度的提高，将使小额信贷机构的客户贷款偿还情况和村镇银行的储蓄存款趋于下降，表明客户出现同时从多个小额信贷机构重复借款。

阿瑟法等（Assefa et al.，2013）采用 1995～2009 年 73 个国家 362 家小额信贷机构的面板数据，实证检验信贷市场竞争对小额信贷机构绩效的影响，研究结果表明过度竞争与小额信贷机构的绩效负相关。过度竞争会使小额信贷机构为了提高市场份额而降低贷款审查标准，从而使贷款违约率上升，影响小额信贷机构的财务绩效。同时，贷款偿还率和财务绩效的下降，会导致小额信贷机构为了降低成本而减少向较贫困的客户发放贷款，从而影响小额信贷机构的社会绩效。

范鲁塞等（Vanroose et al.，2013）基于 1997～2006 年全球 1073 家小额信贷机构的数据，考察了银行业发展与小额信贷机构经营绩效的关系，研究结果发现，银行业金融机构发展水平越低的地区，小额信贷机构的客户覆盖越广并且盈利水平越高，即信贷市场竞争与小额信贷机构的社会绩效的广度和财务绩效显著负相关。表明小额信贷机构主要填补了银行业金融机构未提供服务的市场，并在银行业金融机构缺失的信贷市场中获得蓬勃发展。同时，研究发现在银行业金融机构发展越完善的地区，小额信贷机构越向更贫穷的人提供服务，即信贷市场竞争与小额信贷机构的社会绩效的深度显著正相关。表明在银行业金融机构发展越完善的地区，银行业金融机构和小额信贷机构之间存在着更加激烈的竞争，这种市场竞争推动小额信贷机构向更贫困、更低端的市场下沉。

派利勒斯等（Perilleux et al.，2016）考察在金融发展过程中，商业银行是否对小额信贷机构具有挤出效应。使用 1990～2011 年 55 个发展中国家小额信贷机构的数据，实证分析结果显示三重含义：第一，在商业银行部门发展越弱的国家，小额信贷机构的机构数量越多；第二，在商业银行扩张过程中，小额信贷机构面临被排挤的风险；第三，小额信贷机构从商业银行的业务发展中获益，尤其就动员社会储蓄而言。

在国内研究中，杨虎锋和何广文（2012）采用 42 家小额贷款公司的调查数据，剖析影响小额贷款公司贷款覆盖深度的因素。研究结果显示，所在地区经济发展水平和金融市场竞争程度均与小额贷款公司平均单笔贷款金额有显著的正相关关系，即表明地区经济发展水平和金融市场的竞争程度对小额贷款公司的贷款覆盖深度有显著的负向影响。刘志友等（2012）基于 56 家江苏省小额贷款公司的调查数据，研究结果显示金融发展对小额贷款公司成本效率存在显著的负向影响，他们认为小额贷款公司面临的金融机构竞争效应更强，而商业银行的正向溢出效应和政府监管效应较弱。在金融发展水平较低的地区，金融服务供给不足，所以小额贷款公司可以从容挑选优质客户，提高成本效率；而在金融发展水平较高的地区，金融机构之间存在激烈的市场竞争，小额贷款公司难以与商业银行相抗衡，优质客户流失到商业银行，致使成本效率降低。

刘志友等（2013）采用江苏省56家小额贷款公司的调查数据，研究发现金融发展对小额贷款公司的财务效率和社会效率均产生负向影响。他们认为，这是由于刚刚起步的小额贷款公司面临的商业银行激烈市场竞争的负向影响，要强于商业银行对小额贷款公司输出金融人才和技术的正向溢出影响和较弱的政府监管的正向影响。董晓林等（2014）使用江苏省54家村镇银行的样本数据，研究发现设立取址对村镇银行的经营绩效具有显著的影响，设立取址在经济发达地区村镇银行，由于当地的金融市场竞争激烈，其经营绩效明显低于经济欠发达地区，并提出村镇银行应更多考虑设立取址在更能发挥其优势的经济欠发达地区。胡金焱（2015）使用2010～2013年山东省小额贷款公司的数据，实证分析信贷市场竞争对小额贷款公司贷款行为、盈利性及普惠性的影响，结果显示随着信贷市场竞争程度的提高，小额贷款公司平均贷款利率、贷款规模和贷款利息收入均呈现倒U型变化。当竞争达到一定程度后，小额贷款公司的信贷功能和普惠性功能会逐步退化和下降。

周顺兴（2016）基于江苏省县域村镇银行2008～2013年的面板数据，实证检验金融市场竞争对村镇银行财务绩效和社会绩效的影响，实证结果显示，金融市场竞争程度与村镇银行的财务绩效显著负相关，金融市场竞争越激烈，村镇银行的财务绩效越低；但金融市场竞争程度与村镇银行的社会绩效显著正相关，即金融市场竞争越激烈，村镇银行的户均贷款额度越低、社会覆盖深度越高，金融市场竞争推动村镇银行向更贫困、更低端的市场下沉。同时，研究提出金融市场竞争影响村镇银行经营绩效的作用机制为金融市场竞争改变了村镇银行的市场定位和客户筛选行为。张正平等（2017）基于2010～2014年我国31个省（自治区、直辖市）的面板数据，运用修正后的霍特林模型考察新型农村金融机构扩张、金融市场竞争与普惠金融发展之间的关系，结果表明新型农村金融机构扩张对普惠金融发展水平有显著的正向影响，并且这种正向作用在金融发展不完善的中部、西部地区更加明显。

同时，有的学者认为金融发展对小额信贷机构的经营绩效具有双重影响或影响并不明确。纳瓦哈斯等（Navajas et al.，2003）选取玻利维亚两家主要的小额信贷机构①为样本，两家小额信贷机构共占玻利维亚小额信贷市场大约40%的市场份额，研究结果显示信贷市场竞争对小额信贷机构的影响并不明确，一方面信贷市场竞争带来的创新扩大了小额信贷的社会覆盖面，另一方面信贷市场竞争降低了小额信贷机构交叉补贴较低盈利和较小额度贷款的能力。福格格桑（Vogelgesang，2003）以玻利维亚具有代表性的小额信贷机构——Caja Los Andes 为研究对象，考察信贷市场竞争对其贷款偿还的影响，研究结果发现信贷市场竞争对贷款偿还具有双重影响，一方面信贷市场竞争使借款人同时从多个小额信贷机构借款，使其过度负债，从而导致贷款违约率上升；另一方面，借款人的债务水平既定的条件下，信贷市场竞争程度越高、小额信贷供应越充足的地区，贷款的偿还情况越好。

2.3　小额信贷机构的社会福利影响

近年来，随着小额信贷机构在世界范围的蓬勃发展，对于小额信贷机构所产生的社会福利影响，引起广泛的关注和探讨。泽勒和迈耶（Zeller and Meyer，2002）提出小额信贷机构的绩效评价包括三个方面：覆盖面（社会绩效）、财务可持续性（财务绩效）和社会福利影响，分别位于三角形的三个顶点，提出小额信贷机构的"三角框架"（见图 2 - 2）。图 2 - 2内部的圆代表小额信贷机构自身在技术、组织和管理等方面进行的创新，三角形外部的圆表示小额信贷机构运行的外部宏观经济金融环境，包括经济政策、金融基础设施建设、银行业金融机构发展等，小额信贷机构绩效实现既受其内部经营管理创新的影响，也受外部宏观经济金融环境的影响。泽勒等（Zeller et al.，2003）提出小额信贷机构的社会福利影响（social impact）是指由于小额信贷机构的行为而带来的客户和非客户（以及更广泛的地区、国家或全球团体）的生活福利和质量的变化，他们认为社会绩效不等同于社会福利影响。小额信贷机构的社会福利影响跟随在结构、行为和绩效的后面，社会绩效排在社会福利影响之前。他们提出根据产业组织理论的结构—行为—绩效（SCP）范式，小额信贷机构的社会影

---

① 这两家分别是洛斯安第斯储蓄银行（Caja Los Andes）和玻利维亚阳光银行（BancoSol）。

响跟随在结构、行为和绩效的后面，即"结构—行为—绩效—影响"的逻辑框架，这也是本书的逻辑主线。

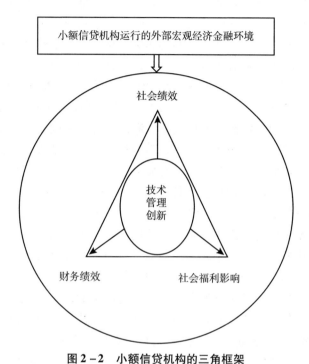

图 2-2　小额信贷机构的三角框架

资料来源：Zeller M，Meyer R L. The Triangle of Microfinance：Financial Sustainability，Outreach，and Impact ［M］. Baltimore and London，The Johns Hopkins University Press，2002.

小额信贷机构的经营绩效越好，则它所带来的社会福利影响越大，社会福利影响是小额信贷机构的终极目标。所以本书在分析小额信贷机构的经营绩效的基础上，进一步探讨小额信贷机构的社会福利影响，也是从外部性角度对小额信贷机构社会绩效的再验证。许多学者研究了小额信贷机构发展带来的社会福利影响，其中最重要的是对农户的收入效应和消费效应的影响，还包括创造就业、提高工资，以及促进经济增长、改善金融资源配置效率等社会福利影响。

2.3.1　收入效应

关于小额信贷发展对农户的增收、减贫的福利效应，许多学者研究提出，小额信贷对于农户增收、减贫具有显著的正向影响。在国外研究中，汉得克（Khandker，2005）使用孟加拉国的面板数据实证检验小额信贷的降低贫困效应，研究结果显示小额信贷有助于降低参与者的贫困，尤其极端贫困家庭和妇女参与者受益更多，同时小额信贷也有助于推动整个地区的经济增长。阿林和江（Ahlin and Jiang，2008）研究提出小额信贷为贫困人口提供了提高他们收入水平的机会，因为小额信贷资金可被用来自主创业或者其他创收活动，同时小额信贷也可能促进整体工资水平的提高。艾麦和阿扎姆（Imai and Azam，2012）基于孟加拉国 1997~2005 年居民的面板数据，通过面板固定效应模型、倾向得分匹配固定效应模型和倾向得分匹配倍差法，考察小额信贷是否降低贫困，实证结果表明孟加拉国小额信贷对于居民收入和食品消费具有显著的正向影响，并指出生产性小额信贷有助于提高家庭人均收入。艾麦等（Imai et al.，2012）基于 48 个国家 2007 年的横截面数据和 2003~2007 年的面板数据，使用最小二乘法和工具变量模型或两阶段最小二乘法，并选用人均小额信贷量衡量各国小额信贷的发展规模，研究结果人均小额信贷量与贫困显著负相关，这表明人均小额信贷量越高，越有利于降低贫困。当采用贫困缺口和贫困缺口平方代替贫困发生率时，结果依然保持不变，说明小额信贷不仅降低贫困发生率，而且还降低贫困深度和贫困强度。同时，其他控制变量包括人均 GDP 和贷款/GDP（用来衡量一国金融发展）也有助于降低贫困。

在存货缓冲模型和企业家精神与增长模型的理论基础上，使用泰国"百万泰铢村基金"项目的数据，卡博斯基和汤森德（Kaboski and Townsend，2012）验证小额信贷在短期对收入增长、消费、农业投资和工资具有正向影响，但对总资产增长有负向影响。赫耳墨斯（Hermes，2014）使用 70 个发展中国家的数据实证检验贫困人口参与小额信贷是否有助于降低发展中国家的收入差距，实证结果表明小额信贷有助于提高贫困人口的收入水平，从而降低贫困人口与富人之间的收入差距，同时研究结果也表明由于小额信贷规模与整个国家经济相比仍相对较低，于是小额信贷降低收入差距的影响也相对较小。因此，小额信贷不应被看作是可以显著降低收入差距的万应灵药。

在国内研究中，张立军和湛泳（2006）构建小额信贷的反锁定模型，实证结果显示小额信贷促进了农民家庭经营收入的提高，小额信贷具有显著的降低贫困效应。王虎等（2006）实证检验了金融发展与农民收入之间的相互关系，研究结果表明金融发展与农民收入存在正相关关系，同时金融发展也扩大了城乡收入差距。孙若梅（2008）研究发现小额信贷对农民收入的促进与使用贷款的次数存在正相关关系；小额信贷主要通过对家庭非农经营投入而对家庭收入做出贡献；小额信贷对家庭收入的贡献程度与决定收入的其他要素相互依赖。胡宗义等（2014）利用我国 1978～2007 年的时间序列数据，构建非线性平滑转移回归模型，研究结果显示小额信贷有助于提高农民收入、降低农村贫困程度。

另外，与上述观点不同，另一部分学者主张小额信贷对于农民增收、减贫的影响不显著，或者这种影响具有不确定性。在国外研究中，休姆和莫斯利（Hulme and Mosley，1996）研究发现初始收入水平较高的家庭（超过贫困线）能从小额信贷获益，但是较贫困的家庭（低于贫困线）并不能从小额信贷获益。扎曼（Zaman，1998）指出小额信贷的阈值水平，只有超过这个信贷水平，家庭收入才能获得更多的提高。卢瑟福（Rutherford，2003）指出尽管小额信贷机构广泛存在，但它们的信贷活动占比仍相对较低，其影响效应仍较有限。安杰卢奇等（Angelucci et al.，2015）实证分析墨西哥最大的小额信贷机构 Compartamos Banco 发放的小额信贷产生的社会福利影响，结果显示小额信贷对农户的家庭总收入、经营活动收入和打工收入都没有显著影响。

在国内研究中，温涛等（2005）基于我国 1952～2003 年的数据，研究提出我国金融发展对农民收入增长具有显著的负面效应，并加大了城乡收入差距。余新平等（2010）运用 1978～2008 年的数据，实证检验我国农村金融发展与农民收入增长之间的关系，实证结果显示农村存款、农业保险赔付对农民收入增长具有正向影响，而农村贷款、农业保险收入对农民收入具有负向影响。孙健等（2011）基于山东省小额贷款公司的数据，采用倍差分析法，实证检验小额贷款公司设立对农民收入的影响，实证结果表明虽然小额贷款公司的进入对农民收入产生促进作用，但是效果并不显著。龙华平等（2012）选取贵州省小额贷款公司为样本，研究结果显示小额贷款公司虽然对农民收入增长起到了促进作用，但是效果并不显著。

2.3.2 消费效应

关于小额信贷机构对于居民消费支出的影响，多数学者认为小额信贷对于居民消费支出具有显著的正向影响。在国外的相关研究中，皮特和汉得克（Pitt and Khandker，1998）在 1991～1992 年对孟加拉国的大约 1800

户居民开展调查，并使用工具变量方法，研究孟加拉国格莱珉银行以及另外两个小额信贷项目对于参与者的居民消费支出、劳动供给、入学和资产的影响效应。研究结果显示小额信贷对于贫困的妇女参与者的影响效应更加显著，比如，对于一个妇女借来的每100塔卡小额贷款，年居民消费支出将随之增加18塔卡，相比之下，对于男性借款者，年居民消费支出将随之增加11塔卡。舍曼（Chemin，2008）使用倾向得分匹配方法，研究发现小额信贷对于居民消费的影响效应低于皮特和汉得克（Pitt and Khandker，1998）的回归结果，但是小额信贷对于居民消费的影响结果仍然是正向的，并且高于默多克（Morduch，1998）的回归结果。汉得克（Khandker，2005）研究发现借给妇女每100塔卡将使得年居民消费提高8塔卡，这个数字明显低于皮特和汉得克（1998）研究提出的18塔卡。

卡尔兰和泽曼（Karlan and Zinman，2010）研究结果发现在南非小额信贷对于居民食品消费具有显著的正向影响。阿塔纳西奥等（Attanasio et al.，2011）研究显示在蒙古国小额信贷有助于提高借款者的食品消费，并有利于提高借款者各种消费耐用品和经营资产的持有。布泊姆等（Boonperm et al.，2013）考察泰国村镇社区基金项目对居民收入和消费的影响效应，实证结果显示小额信贷使居民消费平均提高了大约3.5%，使居民收入平均提高了大约1.4%，同时小额信贷有助于增加居民耐用品的持有。伊斯兰（Islam，2015）基于孟加拉国的全国大型居民调查数据，运用固定效应、工具变量和双重差分方法实证检验小额信贷对居民消费的影响，实证结果发现小额信贷对居民消费支出有显著的正向影响，小额信贷参与者的每月消费支出平均提高30%~40%，每年消费支出提高大约10%，并且结果显示女性借款者比男性借款者的受益更多。同时，研究发现居民拥有的土地越少，则参与小额信贷的影响效应越大，越贫困的居民参与小额信贷的获益越大。

在国内研究中，关于小额信贷对居民消费影响的相关研究比较稀少，尹学群等（2011）研究发现农户小额信贷中的农业生产性信贷对农户消费支出具有较显著的正向影响。何军和唐文浩（2017）研究提出政府主导的小额信贷扶贫模式对农户的消费具有显著的正向影响。

但是，也有的学者提出小额信贷对于居民消费不存在影响，默多克（1998）使用和皮特和汉得克（1998）相同的数据，但是使用不同的估计方法——双重差分方法，结果显示小额信贷对于居民消费的影响不显著或者甚至为负。班纳吉等（Banerjee et al.，2012）研究提出参与小额信贷对于印度贫民窟的居民平均消费没有影响，但是为借款者增加了新的创业可能。安杰卢奇等（Angelucci et al.，2015）基于墨西哥 2009～2012 年16000 多农户的调查数据，使用聚类随机试验方法，研究发现获得小额信贷并未使得客户的消费显著增加。

除了小额信贷对于居民收入和消费的影响效应，一些文献还分析了小额信贷对创造就业、经营利润等方面的福利影响。梅尔等（Mel et al.，2008）、梅尔等（Mel et al.，2009）研究发现小额信贷对斯里兰卡男性企业主的经营利润具有显著的正向影响，而对女性企业主的经营利润影响不显著或没有影响。使用固定效应模型和工具变量法，伦辛克和范（Lensink and Pham，2012）基于越南居民生活标准调查（VHLSS）的数据，结果显示小额信贷对居民自主创业利润具有显著的正向影响。克雷朋等（Crepon et al.，2013）研究提出摩洛哥小额信贷显著提高了农户借款者对畜牧业和农业的投资，促进了农民自主创业利润的增长，而农民创业又推动了农民收入和农村经济的增长。张海洋和袁雁静（2011）构建了金融环境指数，实证分析了村庄金融环境对农户创业行为的影响，结果发现村镇银行、小额贷款公司等新型农村金融机构对农户创业和成为"企业家"都具有显著的影响。

2.4　现有文献述评

纵览现有文献可以发现，国内外学者围绕小额信贷机构的经营绩效评估、经营绩效的影响因素、小额信贷机构促进农户增收效应等已经做了大量的研究工作，现有文献的研究视角、研究方法和研究结论对本书研究工作具有重大的启发和借鉴作用，是本书研究工作的起点和坚实基石。但是，目前关于区域信贷市场竞争对小额贷款公司经营绩效影响的研究，仍存在一些不足和值得进一步探讨的空间。

第一，现有国内外研究关于区域信贷市场竞争对小额信贷机构经营绩效的研究尚无定论，仍存在着分歧和争论，一些学者认为信贷市场竞争对小额信贷机构的经营绩效为正向影响，部分学者则提出信贷市场竞争对小额信贷机构的经营绩效为负向影响，也有学者发现信贷市场竞争对小额信贷机构的财务绩效和社会绩效具有异质性影响。鉴于此，这一研究选题引起笔者的研究和探索的兴趣，希望在前人的研究基础上，对于我国信贷市场竞争与小额贷款公司经营绩效问题继续进行探索和研究。同时，与国外相比，我国小额贷款公司起步较晚，推行时间尚短，所以国内关于信贷市场竞争对小额贷款公司经营绩效影响的研究还较为稀少，并且实证分析中存在小额贷款公司样本量小、样本时间短等问题，所以仍存在很大的值得深入研究和探讨的空间。

第二，现有文献关于信贷市场竞争对小额贷款经营绩效影响的研究，主要围绕信贷市场竞争对小额贷款公司经营绩效的影响效应展开，而对信贷市场竞争对小额贷款公司经营绩效的影响机理少有深入探讨，这也是值得进一步开展研究拓展和补充的地方。

第三，现有文献关于小额信贷机构对农民收入和消费的影响效应，仍存在着争论。有的学者提出小额信贷机构产生积极的社会福利影响，支持"三农"，促进了农民收入和消费的增长；但有的学者认为由于种种原因，小额信贷机构并未产生有效的社会福利影响，对农民收入和消费支出不存在显著影响。

鉴于此，在前人的研究基础上，本书主要从以下几个方面拓展对小额贷款公司的研究：一是使用山东省时间连续、经营数据详细、样本容量较大的 2011~2016 年 87 个县域 199 家小额贷款公司的面板数据，深入到县域这个微观视角，进一步实证检验信贷市场竞争对小额贷款公司财务绩效和社会绩效的影响效应。二是围绕信贷市场竞争对小额贷款公司经营绩效的影响机理进行深入剖析，进一步探究信贷市场竞争影响小额贷款公司财务绩效与社会绩效的中介变量和作用路径，主要以信贷市场竞争对小额贷款公司经营行为的影响作为研究的突破口。三是基于小额贷款公司试点在不同县（县级市）分层推进的"准自然实验特点"，运用双重差分估计方法，实证检验小额贷款公司试点对农民收入和消费水平的影响效应。

第3章

山东省县域信贷市场
与小额贷款公司发展概况

3.1 山东省县域信贷市场发展概况

长期以来，我国银行体系存在显著的城乡二元发展特征，银行金融机构的城乡差异非常明显，县域及以下的农村地区金融机构的种类和数量都远远落后于城市地区。这使得县域信贷供给不足、县域信贷资金匮乏，农户和县域小微企业陷入融资难、融资贵的融资困境，阻碍了三农和县域经济的有效发展。为了解决农村地区银行业金融机构网点覆盖率低、信贷供给不足、竞争不充分等问题，中国银监会在 2006 年底发布《关于调整放宽农村地区银行业金融机构准入政策更好支持社会主义新农村建设的若干意见》，我国农村金融进入增量改革的新时期。

3.1.1 山东省县域经济状况

山东省是我国重要的有影响力的经济大省，2016 年全省 GDP 达到 67008.19 亿元，GDP 增长率为 7.6%，山东省 GDP 约占全国的 9%左右，从 2013 年到 2016 年山东省的经济总量一直居于全国第三位，仅次于广东省和江苏省。第一、第二、第三产业增加值占全国的比重分别为 7.74%、10.27%和 8.24%，分别居全国的第一位、第三位和第三位。2016 年山东省公共财政预算收入 5860.18 亿元，全省总人口 9946.64 万人，其中城镇人口 5870.51 万人，农村人口 4076.13 万人。人均地区生产总值 67706 元，城乡居民收入分别达 34012 元和 13954.1 元。①

　　山东省也是我国传统的农业大省，2016 年全省农林牧渔业总产值和增加值、农业总产值均居全国首位，全省第一产业产值占全国的比重为7.74%。全省粮食总产量达到 4700 万吨，占全国的 7.6%，棉花和油料产量分别占全国的 10.3% 和 9%。农业现代化水平在全国处于领先地位，农业外向型程度较高，2016 年全省农产品出口总额超过 1000 亿元，出口额占全国的 20% 左右。在行政区划上，截至 2017 年底，山东省共有济南、青岛、淄博、枣庄、东营、烟台、潍坊、济宁、泰安、威海、日照、莱芜、德州、临沂、聊城、滨州、菏泽 17 个地级市、54 个市辖区、83 个县（含 27 个县级市）。②

　　县域经济处于国民经济中的基础性地位，是国民经济中相对独立的基本单元，县域是实现新旧产能转换、推进供给侧改革的重要载体和先锋军。山东省县域经济比较发达，县域经济是山东省经济的重要构成和支撑，据统计，80% 以上的人口和地区生产总值、60% 左右的地方财政收入来自县域。2016 年，全省县域实现生产总值 61926 亿元，同比增长7.7%。全省县域实现公共财政预算收入 4709 亿元，实现税收收入 3547亿元。在众诚智库、经观政研院共同研发的"2017 年中国县域经济 50强"中，山东省表现非常出色，总共有龙口市、广饶县、胶州市、荣成市、即墨市、莱州市、诸城市、邹平县、邹城市、寿光市共十个县市榜上有名，占榜单总数的 1/5。

3.1.2　山东省县域金融市场概况

　　山东省人民政府非常重视金融业的发展，2013 年 8 月发布《关于加快全省金融改革发展的若干意见》，即"金改 22 条"提出要尽快建立与山东省实体经济相适应、市场化水平较高的现代金融体系。"金改 22 条"中提出要深入推进县域金融创新发展试点工作，把优化"三农"和小微企业的金融服务作为县域金融创新发展的出发点和立足点，鼓励金融机构在县域开展金融产品和服务创新。

　　山东省自推进金融改革以来，金融业取得了很大的发展。全省直接融

---

①②　资料均来自山东省 2017 年统计年鉴。

资规模增量的比重由 2013 年的 10.8% 提高到 2015 年的 26%。银行规模稳步增长,组织体系建设有序推进,2016 年末,山东省银行业金融机构资产总额 11 万亿元,同比增长 13.3%。存贷款平稳适度增长,山东省金融机构本外币存款 85683.5 亿元,金融机构本外币贷款 65243.5 亿元。但是山东省商业银行水平和实体经济实力并不匹配,2016 年山东省金融业增加值 3385.2 亿元,比 2012 年增长了 75%,占 GDP 的 5.1%,但仍低于广东、江苏、浙江等省份的金融业增加值占 GDP 的比重,与山东省的经济地位和经济总量明显不符。在金融机构本外币存贷余额上,山东也和广东、江苏和浙江存在一定的差距,与我国 GDP 在全国的排名不匹配(见图 3-1)。

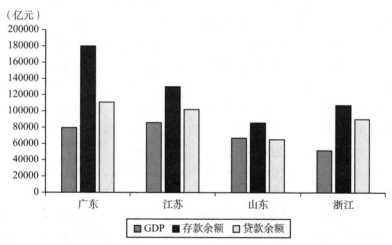

图 3-1 2016 年四省 GDP 和金融机构存贷款余额对比

资料来源:相关省份 2017 年统计年鉴。

县域信贷是山东省经济发展的重要支撑点,县域商业银行水平对县域经济发展影响巨大。近年来,山东省县域商业银行迅速,随着中央对农村金融放宽市场准入、加大改革力度等一系列政策的落实,县域金融机构的种类、数量、规模也呈现出快速增长的趋势。当前,中国农业银行、中国工商银行、中国银行、中国建设银行、中国交通银行、中国农业发展银行等金融机构在县城及县城以下地区的分支机构和营业网点构成了县域金融市场的主体。

山东省新型农村金融机构数量持续扩大,2016 年中小法人金融机构数量达 278 家,同比增加 29 家。农信社银行化改革全面完成,110 家农商行挂牌开业，成为全国第 4 个完成农信社银行化改革的省份。2016 年末，全省农商行存贷款余额分别达到 15157 亿元、9655 亿元，比年初分别增加 1597.7 亿元、495.5 亿元，同时共有 9 家省内农商行在齐鲁股权交易中心实现股权托管。蓝海银行作为省内首家民营银行获批筹建，村镇银行总数达到 128 家，位居全国首位。新型农村合作金融试点范围持续扩大。2016 年末，全省开展试点的合作社达 284 家，参与试点社员过万人，累计互助业务金额 6442 万元，同比增长 271.5%。山东省中小型金融机构的迅速发展，其数量增加及分布优化有效填补县域金融服务空白，呈现全面向发达县市倾斜、覆盖"三农"的趋势。

山东县域信贷虽取得了长远进步，但是，仍然存在县域金融生态劣于城市，经济金融资源密度低于城市，县域金融盈利能力低于城市。在银行金融机构的空间分布上，县域及以下银行金融机构种类及数量与城市相比依然处于劣势。从金融机构的区域分布来看，山东省商业银行的城乡差异依然显著，县域及以下的农村地区无论机构数量还是机构种类都远远落后于城市地区。例如，国有大型股份制商业银行均遵循城市为主的战略，县域网点比重最高的是中国农业银行和中国银行，其县域网点比重分别为 44.83% 和 38.83%，总体上五家国有大型股份制银行的县域网点仅占 34.23%，县域网点密度整体较低（冯林等，2015）。

究其原因，第一是由于国有大型股份制商业银行、全国性股份制银行等大型金融机构往往更加偏好于城市地区，其网点布局以城市地区为主；第二是因为农村地区的金融机构小而散、实力弱，部分发达县域经济的率先崛起吸引了诸多金融机构入驻，而经济相对落后的县域对大中型金融机构的吸引力较弱。2016 年 11 月，银监会发布《关于进一步提升大型银行县域金融服务能力的通知》，要求大型银行高度重视县域金融服务，进一步提升对县域经济的金融服务水平。

3.1.3 县域信贷市场发展中存在的问题

1. 银行支持"三农"及县域经济发展存在体制性约束

首先，农村金融体系尚不完备，无法分散农业经营风险。目前，山东省农村地区金融体系仍比较单一，农村地区的金融活动很大程度上仅限于客户同银行的业务往来，农业担保体系、保险市场落后于全国，难以建立起农业信贷的风险补偿和转移机制，影响了银行发放"三农"贷款的积极性。其次，惠农政策的制定不彻底，执行不到位。现行的政策体制里面针对银行业金融机构经营涉农贷款的减免税、财政担保及奖励的优惠政策力度不足，难以从根本上提升银行业金融机构发放涉农贷款的积极性。最后，民间金融长期处于无管理随意发展状态，容易造成金融秩序混乱，民间金融的高成本吞噬了借款人大量的利润，并可能会对企业产生致命影响。

2. 农村信贷市场片面竞争，服务不到位与过度授信并存

山东省现有农村金融体系是一个由政策性银行、股份制商业银行、农村合作金融、邮储银行和村镇银行组成的支农体系，机构较为健全，但存在服务不到位与过度授信并存的问题。首先，信贷投放严重不足。截至2015 年末，全省县域银行业存贷比为 51%，比全省平均水平低了 16.33个百分点，金融机构在县域的"抽水机"作用依然显著。其次，金融服务分化明显。从县域贷款投向看，大型金融机构多选择少数大中型企业进行信贷支持，易"偏工商而轻农业，偏城市而轻农村"，广大零售市场的金融服务则主要依靠农信社、农商行、城商行和村镇银行，金融支持力度有限。最后，"嫌贫爱富""垒大户"现象比较明显。对少数大中型企业，各类金融机构争相授信，在对龙头企业过度授信的同时，广大农户及小微企业往往不能获得足额的信贷支持。

3. 农村信用体系建设有待进一步提升

当前县域地区特别是农村的信用体系建设滞后，信用环境差，社会信用信息系统与信用中介服务机构不完善，银行信贷风险较高；目前商业银行在农村地区的贷款基本要求提供担保，农户和农村中小企业的担保方式有限，限制了商业银行在农户、农村信贷领域业务的扩张，县域金融运行呈现高成本和高风险的双重特征。

3.2 小额贷款公司发展概况

3.2.1 我国小额贷款公司发展历程

在经济欠发达的国家，由于缺少实物抵押、从商业银行申请贷款程序

烦琐复杂、农村地区信贷资金供应紧缺等原因，贫困人群往往很难从银行金融机构获得信贷服务，面临贷款难的问题。1976 年尤努斯教授在孟加拉国成立了世界上第一个专门向贫困人口提供贷款的组织，即后来影响深远的孟加拉国乡村银行——格莱珉银行。孟加拉国乡村银行模式是一种利用社会压力和连带责任而建立起来的组织形式，是当今世界规模最大、效益最好、运作最成功的小额信贷机构，在国际上被大多数发展中国家模仿或借鉴。

孟加拉国乡村银行主要特点为：瞄准最贫困的农户，并以贫困家庭中的妇女作为主要目标客户；提供小额短期贷款，按周期还款，整贷零还，这是模式的关键；无须抵押和担保人，以五人小组联保代替担保，相互监督，形成内部约束机制。进入 20 世纪 80 年代，小额信贷在其他发展中国家甚至发达国家兴起，90 年代以后更是发展迅速，成为许多发展中国家正规金融体系的有益补充，也成为各国普遍认同的解决贫困问题的新举措。

小额信贷中国化发展的主要形式是小额贷款公司。近年来，由于我国小微金融服务的缺失，从而导致小微企业贷款难、农民增收困难、农业发展缓慢等问题。2005 年人民银行首先在民间资本相对比较充裕和活跃的山西、四川、陕西、贵州和内蒙古自治区 5 省（区）进行小额贷款公司试点，5 省（区）先后成立了 7 家小额贷款公司。银监会和人民银行又于 2008 年联合发布《关于小额贷款公司试点的指导意见》（以下简称《指导意见》），确立了小额贷款公司的性质、设立条件、资金来源、资金管理等细则。《指导意见》指出小额贷款公司"小额贷款公司在坚持为农民、农业和农村经济发展服务的原则下自主选择贷款对象。小额贷款公司发放贷款，应坚持小额、分散的原则，鼓励小额贷款公司面向农户和微型企业提供信贷服务"。小额贷款公司的设立是政府为了完善现代农村金融服务体系，引导和扶持新型的、以社会利益为导向的新型金融机构所进行的尝试，属于普惠金融的一个重要组成部分。

随后，在各地方政府的主导下，小额贷款公司试点在全国逐步推开并迅速发展。据中国人民银行《2018 年小额贷款公司统计数据报告》显示，截至 2017 年 12 月末，全国共有小额贷款公司 8551 家，从业人员 103998 人，实收资本 8270.33 亿元，贷款余额 9799.49 亿元。在机构数量上，江苏省小额贷款公司最多，达到 630 家；其次是辽宁省 547 家。在贷款余额上，重庆市小额贷款公司最高，达到 1467.37 亿元；其次是江苏省 932.72 亿元。

3.2.2　山东省小额贷款公司发展概况

2008 年 9 月，山东省发布《关于开展小额贷款公司试点工作的意见》和《山东省小额贷款公司试点暂行管理办法》，实施开展小额贷款公司的试点工作。随后山东省小额贷款公司迅速发展，从最初的 10 余家发展到 2017 年的 330 余家公司。根据中国人民银行统计数据显示，截至 2017 年 12 月末，山东省共有小额贷款公司 334 家，贷款余额 495.04 亿元（见表 3-1）。

表 3-1　　　　　　2010~2017 年山东省小额贷款公司发展情况

年份	机构数量（家）	从业人员（人）	实收资本（亿元）	贷款余额（亿元）
2010	97	1005	87.73	95.13
2011	184	1985	186.01	222.53
2012	257	2934	278.17	331.38
2013	294	3556	335.22	404.84
2014	304	3660	347.07	422.29
2015	337	4190	427.90	480.08
2016	335	4317	441.2	481.3
2017	334	4282	448.62	495.04

资料来源：中国人民银行《2018 年小额贷款公司统计数据报告》。

1. 县域分布特征

近年来，山东省小额贷款公司在机构数量和贷款发放规模方面都实现了快速的增长，已经覆盖全省 17 个地级市、80 多个县域，小额贷款公司数量居于前列的地市分别是潍坊、滨州、东营、临沂和日照。在小额贷款公司的县域分布存在不平衡现象，其中在经济比较发达、资本比较充足和活跃的县市，比如广饶、寿光、邹平、博兴、诸城、即墨等多个市县已经成立两家或两家以上的小额贷款公司（见表 3-2），但在经济相对落后的多个县域仅有 1 家小额贷款公司。

表 3 - 2　　　　　　　2016 年末小额贷款公司数量排名前列的县域

所在县域	广饶	寿光	即墨	邹平	诸城	博兴	荣成	高密	胶州	平度	龙口
公司数量（家）	10	9	6	6	6	6	6	6	5	5	5

资料来源：根据山东省金融工作办公室统计数据整理。

2. 贷款投向

从贷款投向上来看，山东省小额贷款公司的主要贷款投向为涉农贷款和小微企业贷款，并且对两者的信贷支持力度基本持平（见表 3 - 3）。2009～2016 年，小额贷款公司的涉农贷款平均占比为 44.58%，小微企业贷款平均占比为 49.72%，对"三农"和小微企业的贷款占贷款总量的比重平均达到了 94.3%。小额贷款公司的涉农贷款从 2009 年的35.40 亿元一度增长到 2014 年 638.49 亿元，五年内增长了 16.18 倍；同时，小额贷款公司的小微企业贷款从 2009 年的 53.19 亿元一度增长到 2014 年 635.42 亿元，五年内增长了 10.95 倍。这说明山东省小额贷款公司很好地实现了其最初设立的目标，积极为农户和小微企业提供信贷服务，贷款客户主要为农户和小微企业，大力支持"三农"和小微企业的发展。但受宏观经济的影响，2015 年和 2016 年涉农贷额和小微企业贷款额均出现了下滑。

表 3 - 3　　　　　2009～2016 年山东省小额贷款公司的贷款投向结构

年份	涉农贷款		小微企业贷款		其他贷款	
	金额（亿元）	占比（%）	金额（亿元）	占比（%）	金额（亿元）	占比（%）
2009	35.40	33.32	53.19	50.06	17.65	16.62
2010	109.74	45.93	106.28	44.48	22.91	9.59
2011	253.56	44.09	277.60	48.27	43.94	7.64
2012	451.73	45.08	491.33	49.03	58.99	5.89
2013	608.20	49.24	578.96	46.87	47.99	3.89
2014	638.49	47.88	635.42	47.65	59.57	4.47
2015	483.49	50.43	519.06	54.15	59.29	6.19
2016	302.65	40.70	425.82	57.27	58.50	7.87

资料来源：根据山东省金融工作办公室统计数据整理。

3. 贷款利率

在贷款利率方面，在 2009～2016 年，山东省小额贷款公司的单笔最高贷款利率为 26.2%，单笔最低贷款利率为 3.6%，累计平均贷款利率介于 12.5%～16.8%（见表 3-4）。总的来说，小额贷款公司的贷款利率基本保持稳定，整体波动幅度不大。由于小额贷款公司的资金来源成本较高，同时贷款对象主要为"三农"和小微企业，贷款风险相对较大，所以小额贷款公司的贷款利率明显高于商业银行的同类贷款利率。但是，小额贷款公司较高的贷款利率增加了农户和小微企业的借款成本，从而降低了其吸引力和金融服务效率。2015～2016 年平均利率明显呈现了下降的趋势。

表 3-4　　　　　2009～2016 年山东省小额贷款公司的贷款利率　　　　单位：%

项目	2009 年	2010 年	2011 年	2012 年	2013 年	2014 年	2015 年	2016 年
单笔最高贷款利率	24.0	23.2	26.2	26.2	24.0	24.0	24.0	24.0
单笔最低贷款利率	4.37	4.4	5.0	5.0	5.4	5.0	3.9	3.6
累计平均利率	15.53	14.6	16.8	15.8	15.1	15.7	13.5	12.5

资料来源：根据山东省金融工作办公室统计数据整理。

综上所述，山东省小额贷款公司的贷款对象主要为农户和小微企业，贷款期限以一年内的短期贷款为主，较好地履行了其最初设立的为"三农"和小微企业服务的目标，但是同时存在单户贷款额度不断扩大、利率水平偏高等问题，影响了其贷款的覆盖广度和深度。

4. 贷款额度

2009～2016 年，山东省小额贷款公司的贷款额度情况如表 3-5 所示。从表 3-5 可以看出，随着山东省小额贷款公司经营规模的不断扩大，每户平均贷款余额由 2010 年的 121.82 万元扩大到 2016 年 180.17 万元，每笔平均贷款余额由 2010 年的 89.14 万元上升到 2016 年 142.19 万元。同时，最高单户贷款金额也逐年攀升，由 2009 年的 900 万元，一度上升到 2015 年的 6000 万元。这说明随着小额贷款公司的不断发展，为了追求更高的利润回报，其发放的贷款额度不断的扩大，在客户群体的选择上侧重于农户和小微企业中的优质大客户，这在一定程度上违背了小额贷款公司初设时所强调的"小额、分散"原则以及着力扩大客户数量和服务覆盖面的目标。

表 3 - 5　　　　**2009 ~ 2016 年山东省小额贷款公司的贷款额度**　　　单位：万元

项目	2009 年	2010 年	2011 年	2012 年	2013 年	2014 年	2015 年	2016 年
每户平均贷款金额	—	121. 82	128. 14	154. 16	156. 23	175. 67	170. 87	180. 17
每笔平均贷款金额	—	89. 14	97. 93	117. 13	118. 24	123. 84	138. 55	142. 19
最高单户贷款余额	900	1000	1250	1500	2300	4800	6000	5800

资料来源：根据山东省金融工作办公室统计数据整理。

5. 经营收益

山东省小额贷款公司的盈利状况整体良好，营业利润由 2009 年的 1.5 亿元一度提高到 2014 年的 38.82 亿元（见表 3 - 6）。总资产收益率（营业利润/总资产）也趋于稳步增长，由 2010 年的 3.1% 增长到 2014 年的 6.4%。小额贷款公司的营业收入主要来源于利息收入，利息收入在营业收入中的占比达到 95% 以上，贷款业务仍是小额贷款公司的主营业务。利息收入由 2009 年的 2.68 亿元一度上涨到 2014 年的 62.71 亿元。由此可见，小额贷款公司创造了可观的利润，并支持了当地经济的发展。但利息收入和营业利润在 2015 年和 2016 年出现了下滑。

表 3 - 6　　　　**2009 ~ 2016 年山东省小额贷款公司的经营收益**　　　单位：亿元

年份	营业收入		营业利润	缴纳税收	总资产	缴纳税收/营业利润（%）	营业利润/总资产（%）
	利息收入	手续费、佣金等其他收入					
2009	2. 68	—	1. 50	—	—	—	—
2010	6. 91	0. 38	4. 12	1. 09	133. 06	26. 50	3. 10
2011	26. 15	0. 79	16. 83	4. 38	263. 45	26. 00	3. 10
2012	45. 07	0. 50	28. 72	8. 90	403. 37	31. 00	6. 40
2013	54. 55	0. 62	37. 34	11. 80	503. 04	31. 60	7. 40
2014	62. 71	0. 78	38. 82	13. 60	608. 87	35. 00	6. 40
2015	51. 40	0. 77	23. 88	11. 60	665. 62	48. 59	3. 59
2016	34. 77	0. 78	14. 45	7. 76	684. 79	53. 70	2. 11

资料来源：根据山东省金融工作办公室统计数据整理。

从缴纳税收来看，山东省小额贷款公司在盈利的同时，缴纳了相对较高的税收，缴纳的税收由 2010 年 1.09 亿元上涨到 2014 年的 13.60 亿元。同时，历年来缴纳的税收大约占到营业利润的 30%，2014 年达到了 35.00%，2015 年达到 48.59%，2016 年高达 53.70%。这说明，小额贷款公司的税负成本较为沉重，不利于其实现可持续发展，也不利于其实现服务于"三农"和小微企业的目标。

6. 融入资金

根据《指导意见》的规定，"小额贷款公司的主要资金来源为股东缴纳的资本金、捐赠资金，以及来自不超过两个银行业金融机构的融入资金。小额贷款公司从银行业金融机构获得融入资金的余额，不得超过资本净额的 50%"。所以，除了自有资金之外，从金融机构融入资金是小额贷款公司营运资金的另一个重要来源。但现实中，小额贷款公司从金融机构融入资金存在着很大的困难。从表 3-7 可以看出，2009~2016 年虽然小额贷款公司从银行业金融机构融入资金的规模不断扩大，但在注册资本的占比仅为 10% 左右，远远低于 50% 的上限，2016 年的占比更下降为 6.51%。这说明小额贷款公司的经营主要还是依赖股东缴纳的资本金，其发展规模和前景面临着严重的融资约束的难题。

综上所述，小额贷款公司在发展中创造了大量的利润，并上交了可观的税收，为当地经济发展做出了贡献。同时，小额贷款公司在发展中面临融资渠道狭窄、税负过重等发展瓶颈问题。

表 3-7　　2009~2016 年山东省小贷公司从金融机构融入资金情况　　单位：亿元

年份	营运资金		
	注册资本	金融机构融入资金	金融机构融入资金占比（%）
2009	35.05	3.26	9.30
2010	112.84	15.54	13.80
2011	213.97	33.64	15.70
2012	325.23	41.28	12.70
2013	400.63	43.28	10.80
2014	496.73	36.19	7.29
2015	541.43	40.14	6.90
2016	567.20	36.94	6.51

资料来源：根据山东省金融工作办公室统计数据整理。

　　从山东省小额贷款公司的经营状况可以看出，小额贷款公司已经成为我国农村金融和普惠金融体系不可或缺的一部分，小额贷款公司为"三农"和小微企业发放贷款，为缓解农户和小微企业融资困境发挥了积极作用，但小额贷款公司的发展中仍存在着诸多制约因素，比如身份定位不清、税费负担沉重、融资渠道有限、发展方向不明等，这些都限制了小额贷款公司的发展速度和发展空间，进一步为小额贷款公司"松绑"迫在眉睫。

| 第4章 |

理 论 分 析

本章主要围绕信贷市场竞争对小额贷款公司经营绩效影响效应及其影响机理，以及对小额贷款公司的社会福利影响进行理论分析，梳理本书的理论基础，提炼理论分析框架，构建理论模型，分析影响机理，从而为后文的实证分析奠定扎实的理论基础。

4.1 理论基础与分析框架

4.1.1 金融抑制与金融深化理论

经济学家罗纳德·麦金农和爱德华·肖（R. I. Mckinnon and E. S. Shaw，1973）的金融抑制理论指出发展中国家普遍存在金融抑制问题。金融抑制（financial repression）是指："政府对本国金融活动和金融体系干预过多、管制过严，从而抑制了本国金融体系的发展，同时发展滞后的金融体系又限制了本国经济的发展，从而陷入金融抑制与经济低迷的恶性循环"。在金融抑制下，政府对利率、汇率和信贷实行严格的管制，使金融价格背离现实发生扭曲，导致严重的资金需求缺口，银行只能以"信贷配给"方式进行授信，并把贷款主要贷放给拥有特权的国有大型企业。大量的中小企业很难获得银行贷款，地处偏远农村的农民和小工商业者的贷款需求更加难以得到满足。麦金农和肖提出，在发展中国家普遍存在金融市场被割裂的现象，低收入农户和小微企业被排斥在正规金融市场之外，金融约束成为抑制农村经济发展和农民收入增长的主要因素。

在金融抑制理论的基础上，麦金农和肖又提出金融深化理论。所谓金融深化（financial deepening）是指政府以金融自由化为目标放松或取消对金融的过分干预，使利率和汇率充分反映市场上的资金供求变化，实现利率市场化和金融市场经营主体多元化。根据金融深化理论，金融深化对经济发展具有收入效应、投资效应、储蓄效应、就业效应以及提高金融效率等积极影响。其中，收入效应是指金融深化对实际国民收入增长所带来的影响，金融深化放开了对利率和汇率的管制，有利于提高储蓄并吸引外国资本的流入，带来国民收入的增加。就业效应是指利率的上升将使投资者的资金成本上升，诱使投资者增加劳动密集型的投资，从而扩大就业。同时，通过金融深化影响国内银行的市场集中度，加强了银行之间的竞争，引起利率的响应变化，意味着银行效率的提高。

长期以来我国农村金融市场存在着金融抑制和融资约束，近年来我国政府不断采取金融深化政策，大力深化农村金融体系改革，逐步降低农村金融市场的准入门槛。2006 年允许设立包括村镇银行、贷款公司以及资金互助社在内的三类新型农村金融机构，2008 年在全国开展小额贷款公司的试点，实现了我国农村金融市场的多元化和多层次发展，对我国农村金融体系完善、农村经济发展和农民收入增长具有重要的意义。

4.1.2 农村金融理论

我国政府一直高度重视农村金融问题，农村金融是我国金融体系的一个重要分支，发展中国家的农村金融理论主要包括：农业融资理论、农村金融市场理论和不完全竞争市场理论。

1. 农业融资理论

农业融资理论（或称农业信贷补贴理论）的形成追溯于麦金农和肖的金融抑制理论中对发展中国家的农村金融问题的探讨。在 20 世纪 80 年代以前，该理论在农村金融理论中占据主导的地位。农业融资理论提出，由于农村居民尤其是贫困农户收入水平低下、缺乏储蓄能力，所以资金匮乏是农村经济发展的主要障碍。同时，由于农业投资周期长、受自然灾害影响大、收入回报存在不确定性等原因，使得追求利润最大化的商业银行不愿向农户发放贷款。因此，农业融资理论认为，政府应该向农村注入政策性资金，成立非营利性的专门金融机构来向"三农"提供信贷资金，以缓解农村信贷约束，降低农村贫困，并促进农村经济的发展。但是，农业融资理论也存在严重的缺陷和不足，速水佑次郎和弗农·拉坦（Yujiro Hayami and V. Rutton，1986）研究指出，农村信贷补贴妨碍了农村金融市场的正常发展，致使金融市场的政治化以及信贷资金集中在少数人手中，从而使信贷机构的活力逐渐衰退。同时，一些国家的发展实践也说明，专门的农业信贷机构缺乏可持续发展能力，最终并未取得良好的效果。

2. 农村金融市场理论

20世纪80年代后，在批驳农业融资理论的基础之上，农村金融市场理论逐步建立。农村金融市场理论强调发挥市场机制的调节作用，反对政府对市场的过度干预，尤其主张利率市场化。农村金融市场理论提出：（1）农户具有一定的储蓄能力，农村金融机构应该发挥农村内部的金融中介功能，积极动员农户储蓄，没有必要从外部向农村注入资金。（2）低息补贴妨碍了人们向金融机构存款，致使储蓄降低，从而阻碍金融发展。（3）由于农村资本具有高风险性、高成本性等缺陷，所以民间金融的利率水平较高是可以理解的。民间金融的存在有其合理性，政府应当允许民间金融与正规金融的并存以活跃农村金融市场。虽然农村金融市场理论取代了农业融资理论，但对它的实践功效仍存在质疑。比如，通过利率市场化是否可以使农户从正规金融市场获得充足的贷款？

3. 不完全竞争市场理论

受1997年亚洲金融危机的影响，学术界逐渐认识到市场机制并不是万能的。政府必须制定合理的金融干预政策和措施，以增强金融市场的风险抵抗能力，由此产生了不完全竞争市场理论，其中以约瑟夫·斯蒂格利茨（J. E. Stiglitz）为主要代表。

不完全市场竞争理论提出，农村金融市场是一个不完全竞争市场，由于农业和农户的经营特点，贷款方无法充分了解借款人的情况，存在严重的信息不对称，所以不能完全依赖市场机制。政府应当介入金融市场进行政策干预，以弥补市场机制存在的失灵。不完全市场竞争理论提出，解决农村金融问题的一个重要措施是将借款人的组织化，比如通过借款人加入联保小组等互助合作组织，小组中的成员之间相互监督和约束，从而有助于解决信息不对称和道德风险问题。同时，可以借助政府的适当干预并加以引导来提高农村金融市场效率的问题。

4.1.3　信息不对称与交易成本理论

信息不对称理论（asymmetric information theory）是指在市场经济交易中，交易双方对彼此信息的掌握程度不同；对信息掌握充足的一方往往在交易中占据有利地位，正所谓"知己知彼，百战不殆"，而对信息掌握匮乏的一方则相对不利。它不仅强调了信息在交易中的重要性，更是要探究交易双方由于获取信息渠道和信息量的大小差异，从而带来的风险和回报的差异。信息不对称这一现象在 20 世纪 70 年代引起三位美国经济学家乔治·阿克罗夫（G. Akerlof）、迈克尔·斯彭斯（M. Spence）、约瑟夫·斯蒂格利茨（J. E. Stiglitz）的关注和研究，他们分别从商品交易市场、劳动力市场和金融市场进行了研究。

斯蒂格利茨和韦斯（Stiglitz and Weiss, 1981）提出金融市场上的不完全信息导致逆向选择和道德风险，紧接着产生信贷配给和市场失灵。银行和贷款者之间存在着信息不对称，贷款者存在着潜在的违约风险，但由于银行很难完全掌握贷款者的全部信息，所以银行很难鉴别谁是合格的贷款者。为了规避信贷风险，银行只对部分优质客户提供贷款，而对另一部分客户，银行认为其风险较高，即使其愿意支付更高的利息或提供担保品，银行也不愿向他们发放贷款，因为银行认为这些借款者之所以愿意支付更高利息是因为他们知道自己的违约风险高。信贷配给的根本原因在于，信息不对称产生的逆向选择和道德风险。在现实经济中，银行和中小企业往往存在严重的信息不对称。由于多数小微企业会计制度不完善，财务管理水平低，银行很难掌握其真实的信息，并且小微企业一般缺乏足够的担保品，所以银行一般不愿向它们提供贷款，由此出现银行信贷配给。

交易成本（transaction costs）理论是由诺贝尔经济学奖得主科斯（Coase）1937 年提出。所谓交易成本，是指"在一定的社会关系中，人们自愿交往、彼此合作达成交易所支付的成本，即人与人的关系成本。从根本上说，有人类交易活动，就会产生交易成本，它是人类社会生活中不可或缺的组成部分"。霍夫和斯蒂格利茨（Hoff and Stiglitz, 1990）提出信贷机构在放贷业务中存在三个交易成本：（1）事前甄别成本，即在发放贷款前信贷机构需要评估不同贷款者的违约风险；（2）事中监督成本，指在贷款发放后信贷机构需要对贷款者的经营活动进行监督；（3）事后强制执行成本，指贷款到期后如果出现违约，信贷机构通过法律或其他途径强制贷款者履行合约的成本。

与银行业金融机构相比，小额贷款公司的交易成本相对较低。与商业银行获取的硬信息（hard information）相比，小额贷款公司可以获取软信息（soft information）。彼得森（Petersen，2004）详细比较了软信息和硬信息：硬信息来自真实的财务报表和抵押以及担保，具有量化的特征，可以查证并且容易传递，属于客观和非人格化的认知；而软信息一般来自社会交往中所获得的非量化、定性的信息，并在此基础上形成对贷款人信贷风险的评估，属于主观和人格化的认知。与银行业金融机构相比，小额贷款公司作为根植于地方经济的小额信贷组织，与所在区域经济环境有着千丝万缕的联系，具有地缘和人缘的优势，在服务小微客户方面更具有信息优势，能够及时、低成本地获取客户的软信息来评估风险。

同时，小额贷款公司的发起人多为当地经济实力较强的骨干企业，其他股东也大多具有实业背景，对当地的经济发展状况有基本的掌握和判断。同时，小额贷款公司的信贷管理员主要是从当地招聘，具有了解客户信息的多种渠道，比较熟悉客户的经营和资信状况，容易与客户发展关系型贷款。这些都能够为小额贷款公司节省大量的交易费用，并可有效地监督贷款使用，在一定程度上克服信息不对称和交易费用问题。

4.1.4　产业组织理论与理论分析框架

产业组织理论（industrial organization）是 20 世纪 30 年代以来在西方国家产生和发展起来的，以特定产业内部的市场结构、市场行为和市场绩效及其内在联系为主要研究对象，以探究产业组织活动存在的内在规律，是微观经济学领域的一个重要分支。20 世纪 30 年代，以梅森（Mason）和贝恩（Bain）为代表的哈佛学派建立了产业组织理论体系和分析框架。哈佛学派的研究范式为："结构（structure）—行为（conduct）—绩效（performance）"（SCP），提出"市场结构、市场行为和市场绩效之间存在因果关系，也就是说市场结构影响企业的市场行为，企业的市场行为又进一步影响企业的市场绩效"。

市场结构涵盖对竞争过程存在影响的市场特征，包括企业的经营规模以及地理分布状况、商品的差异化大小、企业的成本高低和政府监管强弱。市场行为是指企业在市场上所实施的战略性经营行为，目的是为了获取更多的利润和市场份额，具体有产品定价行为和非价格行为。市场绩效是指"在一定市场结构下的资源配置效率、厂商经营状况以及市场外部性等"。"结构—行为—绩效"（SCP）范式具有开拓性的意义，在此基础上构建了产业组织理论的分析框架和分析范围。

泽勒等（Zeller et al.，2003）在《社会绩效指标创新报告》（Social Performance Indicators（SPI）Initiative Report）中在界定小额信贷机构的社会绩效定义时，提出小额信贷机构的社会绩效不等同于社会影响。社会影响是指由于小额信贷机构的行为而带来的客户和非客户（以及更广泛的地区、国家或全球团体）的生活福利和质量的变化。根据产业组织理论的"结构—行为—绩效"（SCP）范式，小额信贷机构的社会经济影响跟随在结构、行为和绩效的后面，这也是本书主要的逻辑框架。

将 SCP 范式延伸到金融市场，即金融市场结构影响金融机构的市场行为，而金融机构的市场行为又将进一步决定金融机构经营绩效和社会福利影响。我国的金融市场由众多的金融机构组成，既有商业银行等传统大型金融机构，也有小额贷款公司等新型、微型信贷机构。传统大型金融机构在经营规模、市场认可度、经营时间等方面具有很大优势，是金融市场上的领导者，而小额贷款公司成立时间晚、规模小，是金融市场上的追随者。我国区域银行业金融机构的发展存在不平衡，带来区域信贷市场竞争程度的差异，将影响小额贷款公司的经营行为与经营绩效。对于刚刚进入信贷市场的小额贷款公司而言，区域信贷市场竞争程度的差异，对小额贷款公司的经营行为会产生什么影响，并进而如何最终影响小额贷款公司的经营绩效和社会福利效应，是本书着力探讨和回答的问题。

基于产业组织理论的 SCP 范式，本书首先分析信贷市场竞争对小额贷款公司经营绩效的影响效应，其次在分析信贷市场竞争影响小额贷款公司经营行为的基础上，探讨信贷市场竞争影响小额贷款公司经营绩效的作用机制，最后探讨小额贷款公司的社会福利影响，从外部性视角对小额贷款公司经营绩效进行再验证，构建"信贷市场竞争—小贷公司经营行为—小贷公司经营绩效—小贷公司社会福利影响"的逻辑框架。本书的理论分析框架如图 4－1 所示。

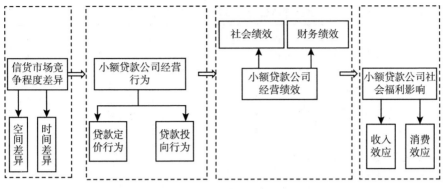

图 4-1 理论分析框架

4.2 小额贷款公司的特征分析

小额信贷最初起源于 1976 年，尤努斯教授在孟加拉国成立的世界上第一个专门向贫困人口提供小额贷款的机构，即后来影响深远的格莱珉银行。根据世界银行扶贫咨询小组（CGAP）的定义，小额信贷是指"为无法通过正规金融得到信贷服务的客户（主要是低收入群体和个体经营者）提供持续的、小额的、无担保的制度化与组织化的小额信贷服务，促进其收入增长、财富积累以及抵挡外部冲击，使他们脱离相对贫困状态的新型信贷组织形式"。小额信贷机构作为一种不同于银行业金融机构的新型信贷制度安排，独立于传统金融体系之外，其使命是服务于无法从银行业金融机构获得信贷服务的"弱小客户群体"。随着小额信贷的蓬勃发展，联合国专门将 2005 年定为具有意义的国际小额信贷年，2008 年以来，以小额贷款公司为代表的小额信贷机构在中国迅速兴起。

4.2.1 与银行业金融机构的异质性

与银行业金融机构相比，小额贷款公司既具有相同点又存在很大的差异。相同点在于两者都可以从事贷款业务，同时两者又在审批监管、基本属性、经营模式、发起模式等方面存在着显著的差异（见表 4-1）。

表 4-1 小额贷款公司与银行业金融机构比较

项目	基本属性	监管部门	监管方式	吸收存款	发放贷款	贷款利率	跨区经营	服务对象
小额贷款公司	不是金融机构	省金融办或相关机构	非审慎性	不允许	允许	较高,最高不得超过基准利率4倍	禁止	农户和微型企业
银行业金融机构	金融机构	银保监会	审慎性	允许	允许	较低	无限制	无限制

（1）在审批监管上，《指导意见》指出，"凡是省级政府能明确一个主管部门（金融办或相关机构）负责对小额贷款公司的监督管理，并愿意承担小额贷款公司风险处置责任的，方可在本省（区、市）的县域范围内开展组建小额贷款公司试点"。就山东省而言，小额贷款公司的审批和监管部门是山东省金融工作办公室。而银行业金融机构的审批和监管部门是银保监会。

（2）就基本属性而言，小额贷款公司是经营贷款业务的类金融机构，小额贷款公司不持有金融许可证，还不能算作金融机构。其身份定位模糊不清，导致其无法享有金融机构相应的税收、融资等优惠政策，面临着税负过重、融资成本过高问题。小额贷款公司虽然从事贷款业务，但无法享受农村信用社等金融机构的相应税收优惠政策，承受着高于金融机构的纳税重负。"以营业税为例，小额贷款公司的营业税率为利息收入的 5.6% 左右＋附加，而农村信用社小额信贷业务的营业税率为 3% 左右＋附加"。在融资成本方面，小额贷款公司从银行业金融机构融入资金，按照一般工商企业的贷款标准，利率在贷款基准利率基础上上浮；而其他金融机构从银行融资则属于同业拆借，利率参照上海银行间同业拆放利率。

（3）在经营模式上，小额贷款公司"只贷不存"，《指导意见》规定："主要资金来源为股东缴纳的资本金、捐赠资金，以及来自不超过两个银行业金融机构的融入资金，小额贷款公司从银行业金融机构获得融入资金的余额，不得超过资本净额的 50%"，这压缩了小额贷款公司的融资渠道（小额贷款公司行业较成熟地区的限制适当有所放松，见表 4-2）。相比之下，银行业金融机构"能贷能存"，业务范围以及融资渠道非常广泛。

同时，对于小额贷款公司的贷款业务，《指导意见》规定："小额贷款公司发放贷款，应坚持'小额、分散'的原则，鼓励小额贷款公司面向农户和微型企业提供信贷服务，着力扩大客户数量和服务覆盖面，并且不允许跨区域经营"，而银行业金融机构不受诸类限制。

表 4 - 2 小额贷款公司从银行业金融机构融资规定

地区	具体规定	来源
福建	可自主选择若干家银行业金融机构融资，融入资金的余额不得超过资本净额的 50%（符合条件的可提高至公司资本净额的 100%）	《福建省小额贷款公司暂行管理办法》
重庆	可自主选择若干家银行业金融机构融资；以银行业金融机构融资和回购方式开办资产转让业务的，两项融资余额之和不得超过公司资本净额的 100%	《关于印发重庆市小额贷款公司融资监管暂行办法等项制度的通知》
浙江	可自主选择若干家银行业金融机构融资；从银行业金融机构融资、向主要法人股东定向借款，以及在本市范围内小额贷款公司之间进行的资金调剂拆借，三者融资比例合计不得超过当时公司资本净额的 100%	《浙江省小额贷款公司融资监管暂行办法》

资料来源：笔者根据相关政策文件整理。

（4）在发起模式上，小额贷款公司的主发起人为企业法人，其他股东可以是自然人、企业法人或其他社会组织。以山东省为例，《山东省人民政府办公厅关于开展小额贷款公司试点工作的意见》规定："小额贷款公司主发起人原则上是管理规范、信用优良、实力雄厚的当地骨干企业，其净资产不低于 5000 万元（欠发达县域不低于 2000 万元），资产负债率不超过 70%，连续 3 年赢利且利润总额在 1400 万元（欠发达县域 550 万元）以上"。而银行业金融机构的发起模式与小额贷款公司明显不同，比如村镇银行的主发起人为银行业金融机构。

4.2.2 小额贷款公司的比较优势

受政策的指引，银行业金融机构的信贷业务不断向小微信贷市场拓展，逐步提高小微贷款的比例，与小额贷款公司之间的交集日益增加，信贷市场竞争程度不断提高。银行业金融机构拥有许多卓越的优势：公认的消费者品牌、现有的基础设施、广泛的网点分布以及充足的资本实力等。与传统银行业金融机构相比，小额贷款公司具有以下比较优势。

1. 经营方式灵活，满足小额分散的贷款需求

从设立和发起的角度，小额贷款公司发起人和股东分别来自不同的行业，有的是生产企业，有的来自服务企业，有的是上市公司等等，因此不同发起人类型的小额贷款公司在经营模式和业务模式上具有不同的特征，在经营过程中逐渐形成了独有的"产业圈模式"或"商圈模式"。从贷款发放上，小额贷款公司可以灵活根据客户的实际情况，确定贷款利率的高低、贷款额度的大小、贷款期限的长短等。在贷款条件上，小额贷款公司贷款门槛较低，一般不要求抵押和担保，主要依靠地区优势、信息优势等对客户进行选取。

2. 监管环境宽松，产品创新活力强

银行业金融机构所有新产品必须向监管部门备案或由监管部门审批，监管部门从风险责任的角度不希望银行过度创新，并对银行金融机构创新进行了各式各样的限制。而小额贷款公司没有这些条条框框限制，可以根据信贷市场需求、结合最新信贷技术进行创新，这是传统金融机构无法比拟的优势。因此，许多有活力的小额贷款公司可以开发出适销对路的信贷产品，这些产品往往比银行业金融机构更具有市场活力和创新性。

3. 信贷有效决策迅速，交易成本低

银行信贷决策必须执行严格程序，比如不同类型贷款执行不同程序，必须严格执行三查制度，并在放款环节需要严格执行"实贷实付"原则，银行为此付出了大量的人员、技术支出，更付出了大量的机会成本。不同于银行业金融机构，小额贷款公司可以搜集有效决策信息并迅速做出决策，无须按照监管要求执行更多的冗余程序、投入复杂的人员和技术成本，可以围绕借款人最核心的偿债能力进行风险控制。小额贷款公司具有地缘和人缘的优势，在服务小微客户方面更具有信息优势，能够及时、低成本的获取客户的软信息来评估风险，整体的交易成本远低于银行业金融机构。

4.3 信贷市场竞争对小额贷款公司经营绩效的影响机理

在区域信贷市场上，银行业金融机构在经营规模、市场认可度、经营时间等方面具有很大优势，是信贷市场上的领导者，而小额贷款公司成立时间晚、规模小，是信贷市场上的追随者。区域信贷市场中银行业金融机构发展程度越高，区域信贷市场竞争越激烈，将对小额贷款公司的经营绩效产生影响。基于产业组织理论的 SCP 范式，本书提出信贷市场竞争通过影响小额贷款公司的经营行为而最终作用于其经营绩效的理论分析框架。具体而言，信贷市场竞争通过影响小额贷款公司的贷款定价行为而作用于其财务绩效，通过影响小额贷款公司的贷款投向行为而作用于其社会绩效。

4.3.1 财务绩效的影响机理

财务绩效主要体现了小额贷款公司的收益水平或者盈利能力，信贷市场竞争通过影响小额贷款公司的贷款定价行为而作用于财务绩效。贷款定价行为是指小额贷款公司的贷款利率水平的确定，采用小额贷款公司的年平均贷款利率作为衡量指标。利息收入是小额贷款公司的主要收入来源，所以利率水平的高低直接影响小额贷款公司财务绩效的优劣。一方面，提高贷款利率水平，有利于小额贷款公司财务绩效的提高，但也降低了小额贷款公司对客户的吸引力和市场竞争力，并使得贷款客户的还贷压力加大，不利于贷款的偿还。另一方面，贷款利率太低，则会降低小额贷款公司的经营收益，影响其财务绩效和可持续发展。

区域信贷市场竞争状况影响着该区域小额贷款公司贷款定价行为的决策。县域信贷市场竞争越激烈，将驱使小额贷款公司倾向于降低利率水平，以提高其市场竞争力。阿林等（Ahlin et al.，2010）基于 74 个国家 373 家小额信贷机构的数据，研究提出在信贷市场竞争程度较高的国家和经济体，小额信贷机构的利率水平较低。而小额贷款公司贷款利率的降低使其财务绩效随之下降。

为深入探讨信贷市场竞争对小额贷款公司定价行为的影响，本书以霍特林（Hoteling, 1929）提出的霍特林模型（Hoteling Model）为基础进行数理分析，并借鉴张正平和杨丹丹（2017）等文献的假定，对该模型的相应假设进行调整和改进。具体假设有：假设县域地区的小额信贷借款人是同质的，均匀地分布在单位圆上[①]；假设该县域市场有 n 家信贷机构均匀分布在单位圆上，相邻两家信贷机构分别为银行业金融机构 b 和小额贷款公司 m，贷款利率分别为 r_b 和 r_m，贷款边际成本分别为 c_b 和 c_m，有 $0 < c_b < c_m$；两类机构均提供单位额度的小额贷款，假设借款人均申请 1 单位的小额贷款；假设借款人向两家信贷机构获取贷款的交通成本是距离的二次函数，即 tx^2，其中 x 为沿着单位圆弧形边到信贷机构 b 的距离，t 是单位距离的交通成本。

根据以上假设，借款人对银行业金融机构 b 的贷款需求为：

$$D_b(r_b, r_m) = x \qquad (4-1)$$

对小额贷款公司 m 的贷款需求为：

$$D_m(r_b, r_m) = \frac{1}{n} - x \qquad (4-2)$$

借款人的贷款成本包括贷款利率和交通成本，因此借款人最小化其贷款成本来向信贷机构寻求贷款。当向两家信贷机构申请贷款的总成本相等时达到市场均衡状态，此时有

$$r_b + tx^2 = r_m + t\left(\frac{1}{n} - x\right)^2 \qquad (4-3)$$

由此可以得到 $x = \dfrac{n(r_m - r_b)}{2t} + \dfrac{1}{2n}$，代入到需求函数中得到：

$$D_b(r_b, r_m) = x = \frac{n(r_m - r_b)}{2t} + \frac{1}{2n} \qquad (4-4)$$

$$D_m(r_b, r_m) = \frac{1}{n} - x = \frac{n(r_b - r_m)}{2t} + \frac{1}{2n} \qquad (4-5)$$

则银行业金融机构和小额贷款公司的利润函数分别为：

$$\pi_b(r_b, r_m) = 2(r_b - c_b)D_b(r_b, r_m) = (r_b - c_b)\left[\frac{n(r_m - r_b)}{t} + \frac{1}{n}\right]$$
$$(4-6)$$

---

① 严格来讲小额信贷借款人在财务状况、收入水平及提供抵押品等方面是有所不同的，但是在县域地区，从信贷机构的角度来看这种差异是较小的。该模型侧重于分析因距离产生的贷款成本差异问题，对借款人的差异性进行了简化。

$$\pi_m(r_b, r_m) = 2(r_m - c_m) D_m(r_b, r_m) = (r_m - c_m) \left[\frac{n(r_b - r_m)}{t} + \frac{1}{n} \right]$$

$$(4-7)$$

对利润函数求偏导可得：

$$\frac{\partial \pi_b}{\partial r_b} = \frac{n}{t}(r_m - 2r_b + c_b) + \frac{1}{n} \qquad (4-8)$$

$$\frac{\partial \pi_m}{\partial r_m} = \frac{n}{t}(r_b - 2r_m + c_m) + \frac{1}{n} \qquad (4-9)$$

由利润最大化的一阶条件 $\frac{\partial \pi}{\partial r} = 0$ 可得

$$r_b^* = \frac{2c_b + c_m}{3} + \frac{t}{n^2} \qquad (4-10)$$

$$r_m^* = \frac{c_b + 2c_m}{3} + \frac{t}{n^2} \qquad (4-11)$$

由式（4-10）和式（4-11）可得，信贷机构的数量 n 越大，银行业金融机构和小额贷款公司的贷款利率都会降低。这说明随着区域银行业金融机构网点数量的扩张和区域信贷市场竞争程度的提升，将使小额贷款公司降低贷款利率以提高竞争力。因此，县域信贷市场竞争水平与小额贷款公司的贷款利率负相关。

进一步将式（4-10）、式（4-11）代入到式（4-4）和式（4-5），可以得到银行业金融机构和小额贷款公司的市场份额分别为：

$$D_b^* = \frac{n(c_m - c_b)}{6t} + \frac{1}{2n} \qquad (4-12)$$

$$D_m^* = \frac{n(c_b - c_m)}{6t} + \frac{1}{2n} \qquad (4-13)$$

对上述两式中的 n 求偏导得到：

$$\frac{dD_b^*}{dn} = \frac{c_m - c_b}{6t} - \frac{1}{2n^2} \qquad (4-14)$$

$$\frac{dD_m^*}{dn} = \frac{c_b - c_m}{6t} - \frac{1}{2n^2} \qquad (4-15)$$

因为 $0 < c_b < c_m$，有 $\frac{dD_b^*}{dn} > 0$，$\frac{dD_m^*}{dn} < 0$。这说明，随着金融市场上信贷机构的数量增加，小额贷款公司的小额信贷市场份额将减少。这表明随着区域信贷市场竞争水平的提升，小额贷款公司的客户数量下降，客户选择

进一步受限，从而只能下沉市场定位、选择向贫困农户提供信贷。

4.3.2　社会绩效的影响机理

社会绩效主要体现了小额贷款公司服务低收入群体和贫困客户的程度，信贷市场竞争通过影响小额贷款公司的贷款投向行为而作用于社会绩效。贷款投向行为是指小额贷款公司贷款投向和目标客户的定位，采用小额贷款公司涉农贷款占比作为衡量指标。《指导意见》指出："小额贷款公司在坚持为'三农'服务的原则下自主选择贷款对象，发放贷款应坚持'小额、分散'的原则，鼓励其面向农户提供信贷服务"。但是小额、分散的贫困农户贷款成本较高、风险较大，而优质大客户贷款成本较低、风险较小。

由于银行业金融机构在经营规模、市场认可度、经营时间等方面具有很大优势，而小额贷款公司成立时间晚、规模小，所以小额贷款公司在客户选择上处于劣势，无法与银行业金融机构争夺优质客户。县域信贷市场竞争越激烈，小额贷款公司的客户选择权越受限。在这种情况下，小额贷款公司发挥经营方式灵活、产品创新能力强、交易成本低等比较优势，更多地开拓更小额、低端的市场，提高信贷产品的差异化程度，走差异化发展道路，不断下沉市场定位，倾向于向较贫困的农户提供贷款，让更多的弱势贫困农户获得小额信贷支持，从而也更好地履行了其社会责任。

刘志友等（2012）基于江苏省56家小额贷款公司的调查数据，研究提出在金融发展水平较低、信贷市场竞争程度较低的地区，金融服务供给不足，小额贷款公司可以从容挑选优质客户；而在金融发展水平较高、信贷市场竞争程度较高的地区，信贷机构之间存在激烈的市场竞争，小额贷款公司难以与银行业金融机构相抗衡，导致优质客户流失。黄惠春等（2011）研究提出，金融市场竞争的加剧影响了农村信用社的贷款对象选择，并促使农村信用社提高对农户的贷款发放。

为深入剖析信贷市场竞争对小额贷款公司贷款投向行为和社会绩效的影响，本书以博弈论为基础进行建模分析。博弈论是探索在策略环境中，如何制定策略性的决策，并采取相应的策略性的行动的一门科学，已经成为经济学的标准分析工具之一。本书将借助博弈论分析方法，分析区域信贷市场上银行业金融机构与小额贷款公司贷款投向策略的选择与决策。

1. 基本假设

假设在一个县域信贷市场上只存在银行业金融机构和小额贷款公司两

家信贷机构，分别用 b 和 m 分别代表银行业金融机构和小额贷款公司。银行业金融机构由于规模、服务、品牌等方面的优势，是信贷市场的领导者；小额贷款公司由于规模小、进入市场晚，是信贷市场的追随者，银行业金融机构和小额贷款公司两者面临着策略博弈。假设市场上的借款人类型，按照规模可分为大中型企业和小微企业，其中小微企业按照借款人质量进一步划分为优质小微企业和劣质小微企业，大中型企业也属于优质企业范畴①。银行业金融机构的客户群体主要是面向优质企业，即大中型企业和优质小微企业。小额贷款公司会首选优质小微企业作为自己的客户群体，随着区域信贷市场竞争的加剧，选择的客户群体下沉，则会选择劣质小微企业。

2. 银行业金融机构的贷款投向行为与决策

假定 U_b 为银行业金融机构的效用，L_b 为银行业金融机构给大中型企业的贷款金额，r_L 为大中型企业的贷款利率，C_1 为银行业金融机构给大中型企业贷款的成本，M_b 为银行业金融机构给优质小微企业的贷款金额，r_M 为优质小微企业的贷款利率，C_2 为银行业金融机构给优质小微企业的贷款成本，Q_L 为大中型企业的贷款需求金额，其中 $C_1 < C_2$，$r_L < r_M$，则银行业金融机构的效用函数为：

$$U_b = \begin{cases} L_b(r_L - C_1), & L_b < Q_L \text{ 且 } \pi_L > \pi_M \\ L_b(r_L - C_1) + M_b(r_M - C_2), & L_b < Q_L \text{ 且 } \pi_L \leq \pi_M \\ Q_L(r_L - C_1) + M_b(r_M - C_2), & L_b = Q_L \text{ 且 } \pi_M > 0 \end{cases}$$
$$\text{s. t.} \quad L_b + M_b \leq D_b \tag{4-16}$$

其中，π_L 和 π_M 分别为贷款给大中型企业和优质小微企业的单位资金收益，即 $\pi_L = r_L - C_1$，$\pi_M = r_M - C_2$；D_b 为银行业金融机构可放贷资金。

从式（4-16）可以看出，银行业金融机构的效用函数是一个分段函数，为了简化分析，这里假定 $L_b + M_b = D_b$。

当 $L_b < Q_L$ 且 $\pi_L > \pi_M$ 时，此时市场上大中型企业的贷款需求高于银行业金融机构能提供的贷款金额，如果大中型企业的单位资金收益大于优质小微企业的资金收益时，银行业金融机构将资金全部贷给大中型企业可以

① 优质企业主要是指那些经营规范、盈利良好，抗风险能力较高的企业，既包括大中型企业，也包括一部分小微企业；劣质企业主要是指收入较低、抗风险能力较弱的小微企业、个体户和农户等。

最大化自己的效用。一般来说，大中型企业能够提供抵押品，而多数小微企业无法提供高质量的抵押品，在信息不对称的情况下导致银行业金融机构需要一定成本对借款人进行审核，加上小微企业的借款金额通常较小，进一步加大了银行业金融机构的贷款成本，所以导致了 $\pi_L > \pi_M$。因此当银行业金融机构可放贷资金小于大中型企业的贷款需求时（即 $D_b < Q_L$），银行业金融机构会将全部资金都贷给大中型企业（即 $L_b = D_b$），小微企业和农户无法从银行业金融机构获得贷款。

当 $L_b < Q_L$ 且 $\pi_L \leq \pi_M$ 时，此时大中型企业的单位资金收益小于等于优质小微企业的资金收益，银行业金融机构则会选择一部分资金贷给大中型企业，另一部分贷给优质小微企业，实现自身效用最大化。随着银行业金融机构可贷资金的增加，银行业金融机构可以提供贷款给大中型企业的金额也不断增加，使得贷款利率不断下降。当给大中型企业贷款的单位资金收益小于等于优质小微企业的单位资金收益时（即 $\pi_L \leq \pi_M$），银行业金融机构会将一部分资金贷款给优质小微企业客户。

当 $L_b = Q_L$ 且 $\pi_M > 0$ 时，银行业金融机构的可贷资金可以满足所有的大中型企业的贷款需求（即 $L_b = Q_L$），若贷款给优质小微企业的单位资金收益大于 0（即 $\pi_M > 0$），银行业金融机构会将剩余的可贷资金贷款给优质小微企业。

图 4-2 为银行业金融机构贷款投向分布图，当银行业金融机构可贷资金金额较小时，银行业金融机构会将所有的贷款都贷给大中型企业；达到 a 点后，银行业金融机构贷款给大中企业和小微企业的单位资金收益相等，此时银行业金融机构可以贷给大中型企业，也可以贷给优质小微企业；到达 b 点后，借贷市场中所有的大中型企业的借贷需求都将得到满足，即 $L_b = Q_L$；之后银行业金融机构会将剩余资金贷款给优质小微企业，直到 $\pi_M = 0$。

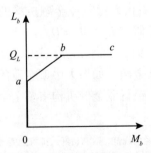

图 4-2　银行金融机构的贷款投向分布

3. 小额贷款公司的贷款投向行为与决策

小额贷款公司与银行业金融机构的客户群体存在一定的交集，均包括小微企业，因此小额贷款公司贷款投向行为会受到银行业金融机构决策行为的影响。假定 U_m 为小额贷款公司的效用，M_m 为小额贷款公司给优质小微企业的贷款金额，r_M 为优质小微企业的贷款利率，与银行业金融机构的一致。C_3 为小额贷款公司给优质小微企业的贷款成本，M'_m 为小额贷款公司给劣质小微企业的贷款金额，r'_M 为劣质小微企业的贷款利率，C_4 为小额贷款公司给劣质小微企业的贷款成本，其中 $C_3 < C_4$，$r_M < r'_M$，Q_M 为所有优质小微企业的贷款需求金额，则有 $Q_M = M_b + M_m$。小额贷款公司的效用函数为：

$$U_m = \begin{cases} M_m(r_M - C_3) + M'_m(r'_M - C_4), Q_M - M_b > M_m \\ (Q_M - M_b)(r_M - C_3) + M_m(r'_M - C_4), M_m = Q_M - M_b \\ M'_m(r'_M - C_4), M_b = Q_M \end{cases}$$

$$\text{s. t.} \qquad M_m + M'_m \leqslant D_m \qquad (4-17)$$

其中，D_m 为小额贷款公司的可贷资金。为了简化分析，假定 $M_m + M'_m = D_m$。

在借贷市场中银行业金融机构占主导地位，不论大中型企业还是小微企业都更倾向于从银行业金融机构贷款，小额贷款公司的客户群体更多的是银行业金融机构无法满足的那部分小微客户，因此小额贷款公司客户选择只能根据银行业金融机构的行为来进行决策。

当 $Q_M - M_b > M_m$ 时，银行业金融机构的可贷资金无法全部满足优质小微企业的贷款需求。剩余的小微企业融资需求则由小额贷款公司来满足。小额贷款公司根据自身经营特点，首选的借款客户一定是优质的小微企业，另外也会选择银行业金融机构排斥在外的劣质小微客户，如收入水平相对较低的农户、个体户等。小额贷款公司通过制定更高的贷款利率，从劣质的小微客户中获得一定的利息收益。

当 $M_m = Q_M - M_b$ 时，此时小额贷款公司给优质小微企业的贷款额度达到最大值；而随着银行业金融机构贷款 M_b 的不断增加，小额贷款公司能够获得的优质小微企业数量下降，可贷资金大于实际放贷给优质小微企业的金额，即 $D_m > M_m = Q_M - M_b$。

当 $M_b = Q_M$ 时，银行业金融机构贷款可以完全满足优质小微企业的融资需求，在银行业金融机构的竞争下，小额贷款公司没有更多优质的小微企业可供选择，即 $M_m = 0$，因此只能选择客户市场下沉，选择劣质小微客户进行放贷。图4-3为小额贷款公司的贷款投向分布图，小额贷款公司的可贷资金小于银行业金融机构未能满足的优质小微企业的借款需求时，小额贷款公司以最大比例贷款给这部分优质客户；当达到 d 点时，小额贷款公司提供给优质小微企业的贷款金额正好等于市场上除去银行业金融机构提供的部分，当银行业金融机构不断发展、网点数量不断增加，使得贷款 M_b 增加，小额贷款公司能够贷给优质小微企业的资金将逐渐减少；到达 e 点时，银行业金融机构的可贷资金能满足所有优质小微企业的借款需求，此时小额贷款公司贷给优质客户的资金为0，小额贷款公司只能选择市场上更加底端的劣质小微客户，直到 f 点。

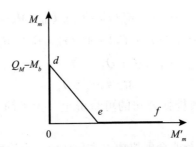

图4-3　小额贷款公司的贷款投向分布

上述模型分析了银行业金融机构和小额贷款公司的贷款投向策略的选择与决策。可以发现，在小额信贷市场上，依托于银行业金融机构自身的竞争优势，银行业金融机构具有优先选择优质客户的能力。随着银行业金融机构的发展及小微贷款业务的扩张，银行业金融机构开始越来越多地抢占小额信贷市场份额，如通过发展小额信贷业务，扩大县域市场规模等方式扩大对小微企业的信贷服务。这使得区域信贷市场竞争不断加剧，这势必会挤占小额贷款公司的一部分客户，使得小额贷款公司的客户选择权进一步受限。在这种情况下，小额贷款公司只能发挥经营方式灵活、产品创新能力强、交易成本低等比较优势，更多地开拓更小额、低端的市场，提高信贷产品的差异化程度，走差异化发展道路，不断下沉市场定位，倾向于向劣质小微客户提供贷款，让更多的弱势群体和贫困农户获得小额信贷支持，从而也更好地履行了其社会责任。

4.4 小额贷款公司的社会福利影响机理

小额贷款公司作为农村小额信贷机构的一种，其试点和发展可以视为农村金融深化的行为。小额贷款公司的发展，给农村金融市场注入新的活力，弥补了农村及偏远地区的传统金融服务不足，缓解了农民的信贷约束，为民间资本搭建了走向阳光化的桥梁，有利于促进农村经济增长、农民收入水平和消费水平的提高。为深入分析小额贷款公司发展对农民收入和消费增长的影响机理，下面通过构建数理模型进行分析。

在农村信贷市场，小额贷款公司通过提供差异化的金融信贷产品，可以增加金融市场信贷产品的供给，满足被银行业金融机构排斥在外的低收入人群的融资需求，有助于农民提高生产经营活动的效率，提高农民的收入和消费水平。如果小额贷款公司提供的信贷产品与银行业金融机构提供的产品是同质的，虽然可以增加金融市场上的信贷供给量，但是对农民的融资需求、农民收入和消费的影响将是不确定的。假设农村经济部门面临的是完全竞争的产品市场，生产所需要的要素主要来自人力资本和贷款，生产函数设定如下：

$$Y = F(h,\ k) = h^{\alpha}\int_{0}^{N} k(i)^{1-\alpha}\mathrm{d}i \qquad (4-18)$$

其中，Y 为农村经济部门产出，h 为人力资本，$k(i)$ 为融资资金，表示第 i 种贷款产品的数量，N 为贷款产品的种类数。这里假设农户没有自有资本，均是通过借贷获得的。假设贷款产品的种类是分布在 $[0,\ N]$ 上的连续变量，如果信贷产品种类增加，则会提高农村信贷产品的数量，从而促进农村部门的生产效率和产出，增加农民收入和消费。

假设金融市场上存在两种类型的信贷机构，一类是传统银行业金融机构，另一类是小额贷款公司。假设小额贷款公司通过创新金融产品，增加了信贷市场上的信贷产品种类，在不支付其他成本的情况下，此时小额贷款公司的效用为 $U(N_1)$。如果小额贷款公司不进行任何的产品创新，完全复制传统金融机构的产品类型，此时的效用为 $U(N)$[①]。假设小额贷款公司创新信贷产品的单位成本为 C，则小额贷款公司的利润函数为：

---

① 这一假设是为了对比分析现实中小额贷款公司提供的信贷产品与传统金融机构并不是同质的。

$$\pi = U(N_1) - U(N) - C(N_1 - N) \qquad\qquad (4-19)$$

其中 N_1 表示小额贷款公司创新信贷产品后的种类数目，N 表示小额贷款公司未进行金融产品创新时市场上已有的信贷产品种类数。只要当 $U(N_1) - U(N) \geqslant C(N_1 - N)$ 时，小额贷款公司才会进行产品创新，开展经营活动。因此小额贷款公司为了提高经营利润，势必会不断创新金融产品，提供更多差异化的信贷服务，尤其是为农民提供更加便捷的小额贷款产品。

由此可以得出，随着小额贷款公司的进入和发展，会不断丰富金融市场上的信贷产品种类数，即 N 会增加。这会提高农户融资的可得性，从而满足农村经济部门更多的生产资金需求，增加经济部门产出，促进农民收入和消费提高。

4.5　本章小结

本章从理论层面阐述了信贷市场竞争对小额贷款公司经营绩效的影响机理，主要的研究内容与结论包括：

首先，梳理了理论基础，从金融抑制与金融深化理论和农村金融理论阐述了活跃农村信贷市场、丰富农村信贷机构类型的必要性，阐释了小额贷款公司产生的理论前提；从信息不对称理论与交易成本理论分析了银行业金融机构在农村信贷市场上的局限性，探讨了小额贷款公司在获取软信息、降低交易成本等方面的优势；从产业组织理论分析了信贷市场竞争通过影响小额贷款公司经营行为、进而作用于小额贷款公司的经营绩效的影响路径，奠定和提炼了本书的理论分析框架。

其次，阐释了小额贷款公司的特征，比较了小额贷款公司与银行业金融机构的异质性，特别是小额贷款公司在审批监管、基本属性、经营模式和发起模式等方面的特点。然后，分析了与银行业金融机构相比，小额贷款公司具有的比较优势，包括经营方式灵活，满足小额分散的贷款需求；监管环境宽松，产品创新活力强；信贷有效决策迅速，交易成本低等。这为小额贷款公司影响机理分析提供了客观基础。

最后，通过构建理论模型重点分析了信贷市场竞争对小额贷款公司经营绩效的影响机理。一方面，借助霍特林（Hoteling，1929）提出的霍特林模型，并对该模型的相应假设进行调整和改进，分析信贷市场竞争对小额贷款公司贷款定价行为以及财务绩效的影响机理。另一方面，借助博弈论分析方法，分析了区域信贷市场上银行业金融机构与小额贷款公司贷款投向策略的选择与决策。理论模型分析发现，信贷市场竞争通过影响小额贷款公司的贷款定价行为和贷款投向行为，继而影响了小额贷款公司的财务绩效和社会绩效。另外还阐述了小额贷款公司对农民收入和消费增长的社会福利影响机理。

信贷市场竞争对小额贷款公司
经营绩效影响效应的实证分析

5.1 引　　言

　　作为商业性的小额信贷机构，小额贷款公司在经营中呈现出财务绩效和社会绩效的双重绩效。在不同区域信贷市场竞争环境下，小额贷款公司的经营绩效存在明显的差异。现有文献指出小额贷款公司的经营绩效不仅受内部经营管理因素的影响，而且受外部经济金融环境的影响，认为区域信贷市场竞争水平是影响小额贷款公司经营绩效的重要因素（Gonzalez，2007；Krauss and Walter，2008；Hermes，2009；Cull，2009；Ahlin et al.，2011；Vanroose，2013）。但终究区域信贷市场竞争水平对小额信贷机构的经营绩效具有积极的正向影响，还是消极的负向影响？目前研究仍然存在着较大的分歧，尚无统一的定论。同时由于我国小额贷款公司起步晚、数据稀缺，国内有关信贷市场竞争对小额贷款公司经营绩效影响的研究非常匮乏，并且研究采用的数据样本量相对较少。基于此，本书基于 2011～2016 年山东省 87 个县（县级市）199 家小额贷款公司的面板数据，实证检验信贷市场竞争对小额贷款公司经营绩效的影响效应，试图对以上问题进行解答。

　　本章的分析框架是：基于 199 家小额贷款公司的微观数据，通过构建面板计量模型、运用固定效应模型，首先检验信贷市场竞争对小额贷款公司社会绩效的影响；其次检验信贷市场竞争对小额贷款公司财务绩效的影响；再次考虑小额贷款公司经营时间、经营区域的差异是否对结果有影响，以小额贷款公司经营时间和经营区域为标准分别进行子样本检验；为进一步确保实证结果的稳健性，采用工具变量法和调换样本数据等方法进行了一系列稳健性检验。最后，基于 87 个县的宏观数据进行拓展性实证分析，检验信贷市场竞争对小额贷款公司网点数量的影响。

5.2 研 究 设 计

5.2.1 计量模型构建

为了实证检验信贷市场竞争对小额贷款公司经营绩效的影响效应，本书构建如下的计量模型：

$$mccperf_{ijt} = \alpha_0 + \alpha_1 bank_{jt} + \alpha_2 mccspecific_{it} + \alpha_3 macro_{jt} + \mu_i + \varepsilon_{ijt} \quad (5-1)$$

其中，i 表示小额贷款公司个体，j 表示小额贷款公司设立所在的县域，t 表示年份。被解释变量 $mccperf_{ijt}$ 表示位于 j 县的小额贷款公司 i 在 t 年的经营绩效，包括财务绩效和社会绩效。$bank_{jt}$ 是关键解释变量，代表小额贷款公司 i 所在县 j 的信贷市场竞争。$mccspecific_{it}$ 代表小额贷款公司 i 自身经营特征变量，$macro_{jt}$ 代表小额贷款公司 i 所在县域 j 的宏观经济特征。α_i 为估计参数，μ_i 表示个体效应，ε_{ijt} 为随机扰动项。

5.2.2 变量选取

1. 被解释变量：小额贷款公司社会绩效和财务绩效

小额贷款公司的经营绩效包括社会绩效和财务绩效。促进小额信贷机构社会绩效管理的组织 Imp – Act 联盟（2004）提出社会绩效是小额信贷机构社会目标转化为社会实践的具体过程。泽勒等（2003）在《社会绩效指标创新报告》（Social Performance Indicators（SPI）Initiative Report）中将小额信贷机构的社会绩效定义为，小额信贷机构的社会绩效是由该机构和其客户以及其他利益相关团体的关联所构成。

社会绩效是指小额贷款公司向最贫困人群提供信贷服务的程度，客户越贫困，表明社会绩效越高。现有文献大多数采用户均贷款额度或者户均贷款额度与当地人均 GDP 的比例，来度量小额信贷机构的社会绩效。由于不同地区、不同时间的经济发展水平存在很大的差异，所以卡尔等（2009）、范鲁塞等（2013）等认为"户均贷款额度/当地人均 GDP"这一指标更加客观合理，并在文献中均采用"户均贷款额度/当地人均 GDP"这一指标来衡量小额信贷机构的社会绩效。考虑数据的可比性和客观性，所以本书采用户均贷款额度/当地人均 GDP（avgloan/GDPcap），来度量社会绩效。户均贷款额度/当地人均 GDP（avgloan/GDPcap）是社会绩效的逆向衡量指标，即小额贷款公司的户均贷款额度/当地人均 GDP 越小，说明其信贷服务越能惠及低收入贫困群体，其社会绩效越高。

同时，财务绩效是指小额贷款公司可以持续开展信贷业务活动的能力，即产生足够的收入至少能够偿付所有投入和资产的机会成本，财务持续目标具体包括盈利能力、运营效率和贷款质量三方面的内容。参考纳瓦哈斯等（Navajas et al.，2000）、施赖纳（Schreiner，2002）、哈塔斯卡（Hartarska，2005）、范鲁塞等（Vanroose et al.，2013）、杨虎锋和何广文（2014）等文献的做法，本书采用资产收益率（ROA，累计营业利润/总资产）、净资产收益率（ROE，累计营业利润/净资产）两项指标来衡量小额贷款公司的财务绩效。这两项指标是用来衡量小额信贷机构每单位资产或净资产创造多少营业利润的指标，是应用最为广泛的衡量银行等金融机构盈利能力的指标，这两项指标的值越高，表明小额贷款公司的财务绩效越好。

2. 关键解释变量：信贷市场竞争

对于区域信贷市场竞争的度量，现有文献提出诸多的度量指标，比如行业集中度、赫芬达尔－赫希曼指数（HHI）以及勒纳指数等。行业集中度指信贷市场上前 N 家最大的信贷机构所占市场份额的总和，数值越小表示信贷市场竞争越激烈。HHI 指数是指信贷市场中所有信贷机构在市场中所占市场份额的平方和，一般来说，信贷市场中的信贷机构数量越多，则HHI 指数越小，信贷市场竞争越激烈。勒纳指数是通过信贷市场中价格与边际成本的偏离程度的度量，来反映信贷市场中竞争程度的强弱，勒纳指数越小，说明信贷市场越激烈。

贝克等（Beck et al.，2007）提出 8 个指标来测度 99 个国家 2003～2004 年银行服务覆盖和竞争状况，分别为：①银行网点的地理渗透：每

1000 平方公里的银行网点数量；②银行网点的人口渗透：每 10 万人的银行网点数量；③ATM 机的地理渗透：每 1000 平方公里的银行 ATM 机数量；④ATM 机的人口渗透：每 10 万人的银行 ATM 机数量；⑤人均贷款账户数量：每 1000 人的贷款账户数量；⑥贷款/GDP 比率；⑦人均存款账户：每 1000 人的存款账户数量；⑧存款/GDP 比率。①～④指标测度银行服务的覆盖面和可获性，⑤～⑧指标测度银行服务的使用状况。

卡尔等（2009）选用平均每人的银行网点数量（人口渗透，demo-graphic branch penetration）和每平方公里的银行网点数量（地理渗透，geographic branch penetration）来反映银行渗透或竞争水平。范鲁塞等（2013）选用金融机构信贷/GDP 比例、每 10 万人的 ATM 机数量、每 10 万人的银行网点数量和每平方公里的银行网点数量来测度银行业发展和竞争状况。周顺兴和林乐芬（2015）采用每万人的银行网点数量和每 10 平方公里的银行网点数量来度量银行业竞争程度。

由于本书数据采用的是县域数据，县域层面各家信贷机构的市场份额、贷款价格和边际成本等数据很难获得，在《山东统计年鉴》《山东金融年鉴》和 Wind 数据库等公开数据中仅统计了县域银行业金融机构的存款总额和贷款总额。所以，本书未采用行业集中度、赫芬达尔 – 赫希曼指数和勒纳指数来县域银行业竞争程度。本书在参考以往文献的基础上，并结合指标的科学性、县域数据的可得性以及县域金融的特征，使用以下指标来综合测度县域信贷市场竞争水平。

（1）采用银行贷款/GDP（credit/GDP）指标来测度，即所在县域的银行业金融机构本外币贷款余额与该县域当年地区生产总值之比。目前，由于我国县域范围内的证券市场等直接融资方式普遍还不完善，所以我国县域金融依然是以银行信贷的间接融资为主，银行贷款规模是县域金融资源规模的主要构成。一般情况下，该指标越高，说明该县域的银行业金融机构的放贷量越大，银行信贷资金越充足，表明小额贷款公司面临的县域信贷市场竞争程度越高。

（2）采用每 10 平方公里的银行网点数量（branches/km）和每万人的银行网点数量（branches/cap），测度银行地理渗透和银行人口渗透状况，反映区域银行业竞争状况。银行网点数量反映了所在县域的金融服务基础设施的可获性，由于在我国大多数的县域，客户主要还是通过银行网点来办理各种金融业务，尤其是信贷业务，所以一般情况下，银行网点数量越多，则说明该县域的银行信贷服务可得性越高，小额贷款公司面临的县域信贷市场竞争程度越激烈。[①]

3. 控制变量

参照现有文献（Cull et al., 2009；Vanroose et al., 2013；Assefa et al., 2013；卢亚娟等，2012；胡金焱等，2015；周顺兴，2016）和尽可能外生的原则，本书在数据条件允许的情况下选取了以下控制变量，控制变量包括小额贷款公司经营特征变量和县域宏观经济特征变量。小额贷款公司经营特征控制变量包括小额贷款公司的资产规模、员工人数、资产负债率和市场份额；县域宏观经济控制变量包括国内生产总值、产业结构和对外贸易。

（1）小额贷款公司层面经营特征控制变量。

①小额贷款公司的资产规模（asset）。采用小额贷款公司的总资产来衡量，反映小额贷款公司的资产规模状况。一般小额贷款公司的资产规模越大，说明小额贷款公司的实力越雄厚，有利于小额贷款公司的长期经营发展。

②小额贷款公司的员工人数（employee）。采用小额贷款公司的员工总人数（公司高管＋一般员工）来衡量，反映小额贷款公司的员工数量状况。员工人数越多，则小额贷款公司的人力资源充足，能够充分发挥人才优势，有利于其经营绩效的提高。

③小额贷款公司的资产负债率（DAR）。采用总负债/总资产指标来衡量小额贷款公司的负债结构，反映总资产中有多少部分是通过借债来融资，体现小额贷款公司的负债水平和融资结构。

④小额贷款公司的市场份额（MS）。使用小额贷款公司累计发放贷款额/所在县（县级市）所有小额贷款公司累计贷款额的指标来衡量，该比例越高，说明该小额贷款公司的市场份额越高，有利于小额贷款公司的经营绩效的提高。

（2）县域层面宏观经济控制变量。

①国内生产总值（GDP）。采用以 2011 年为基期的县域实际国内生产总值来衡量，国内生产总值可以反映县域的经济发展水平。经济发展水平

---

① 为了验证指标的有效性，避免银行网点的增加仅仅是由于某一类银行分支网点的增加，具体划分为国有商业银行、政策性银行、股份制商业银行、城市商业银行和农村金融机构五类，统计了 2011～2016 年各类银行业金融机构的营业网点变化情况。结果表明，县域网点数量增长是由多类银行业金融机构共同增长所致，这表明银行网点数量可以刻画县域信贷市场竞争状况。

越高，则该县的实体经济越为活跃发达，具有雄厚的资金积累和实力大型企业越多，从而有充足的资本参与小额贷款公司的筹建与经营。但同时，经济越发达县域的客户实力雄厚，较易满足银行业金融机构的放贷条件，从而一般通过银行业金融机构渠道即可获得信贷供给，可能对小额贷款公司的经营绩效产生不利影响。

②产业结构（industry）。采用第一产业增加值占 GDP 的比重来测度，反映县域产业结构状况。第一产业占比越高，说明农业在该县域经济发展中居于更加重要的位置，而小额贷款公司的一个重要职能就是为"三农"提供小微服务，从而存在庞大的潜在客户群体。

③对外贸易（trade）。采用进出口总额占 GDP 的比重来测量，反映该县域的对外贸易发展状况。在对外贸易发展越兴旺的县域，说明该县域从事对外贸易的企业众多，从而存在更多的信贷需求。但同时，从事对外贸易一般是大型制造业企业，而大型制造业资金需求额度大并较易满足银行业金融机构的信贷条件。

为了消除可能存在的异方差问题，对小额贷款公司的平均每户贷款额度/当地人均 GDP（avgloan/GDPcap）、资产规模（asset）、员工人数（employee）以及县域国内生产总值（GDP）均进行了对数处理。同时，为了消除价格波动因素的影响，对各名义变量如小额贷款公司的平均每户贷款额度、资产规模，以及县域国内生产总值等均以 2011 年为基期按照各县市的居民消费价格指数进行了平减处理①。对各县市美元计价的进出口总额，使用相应年份美元兑人民币的年平均汇率进行换算，2011～2016 年美元兑人民币的年平均汇率的数据来自《中国统计年鉴》。

5.2.3 数据来源与描述性统计

本书使用 2011～2016 年山东省 87 个县（县级市）小额贷款公司的面板数据分析金融发展对小额贷款公司经营绩效的影响。之所以采用面板数据，是因为与时间序列数据或截面数据相比，面板数据具有很多优点，比如面板数据可以解决遗漏变量问题，可以提供更多个体动态行为的信息，同时样本数据兼具时间维度和截面维度，样本容量较大，有利于提高估计

---

① 有的年份缺少个别县（县级市）的居民消费价格指数，则用所属地市的居民消费价格指数进行平减处理。

的精确性。山东省小额贷款公司自2008年试点以来发展迅速，从最初的
10余家增加到2017年的300余家。据中国人民银行的统计数据显示，截至
2017年12月末，山东省共有小额贷款公司334家，贷款余额495亿元。从
2008年的试点到随后的快速发展，山东省小额贷款公司一直紧跟国家政策
并居于全国的中上游水平（见图5-1和图5-2）。由图5-1和图5-2可
见，2017年末山东省小额贷款公司的机构数量在全国居于第八位，贷款余
额在全国居于第六位。

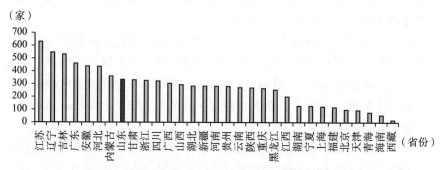

图5-1 2017年末各省份小额贷款公司机构数量排名

资料来源：中国人民银行。

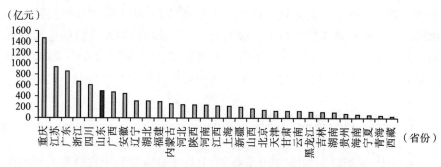

图5-2 2017年末各省份小额贷款公司贷款余额排名

资料来源：中国人民银行。

　　山东省是我国重要的有影响力的经济大省，2017年山东省GDP达到
72678.18亿元，GDP增长率为7.4%，从2013年到2017年山东省的经济
总量一直居于全国第三位，仅次于广东省和江苏省。山东省也是我国传统
的农业大省，2017年农林牧渔业总产值9298.2亿元，农林牧渔业增加值

5158.7 亿元，均居全国首位。2017 年粮食总产量 4723.2 万吨，连续 6 年稳定在 4500 万吨以上，总产量占全国的 7.6%，居全国第三位。山东省产业结构和"三农"发展在全国很具有代表性，所以山东省小额贷款公司样本具有较强的区域代表性，可以反映全国小额贷款公司的基本发展状况。

本书选取山东省设立在县域的小额贷款公司作为研究样本，小额贷款公司经营绩效和发展特征数据来源于山东省金融工作办公室统计的 2009 年以来山东省小额贷款公司的经营情况统计表，涵盖山东省辖内所有小额贷款公司的贷款信息、财务信息和融资信息等多方面的数据，详尽反映了山东省小额贷款公司的经营和发展情况，此数据为官方统计数据，数据真实可靠，数据质量较高，为全面分析信贷市场竞争与小额贷款公司经营绩效的关系提供了可靠而有力的数据支撑。

本书选取 2011~2016 年山东省县域小额贷款公司的经营数据，剔除了被取消试点资格、异常值和缺失数据的公司，保留连续两年以上可以观测样本的小额贷款公司，最后共获得 87 个县（县级市）的 199 家小额贷款公司 2011~2016 年的非平衡面板数据①。之所以将样本区间确定为 2011~2016 年，是因为小额贷款公司试点从 2008 年末开始，2009 年、2010 年小额贷款公司试点才开始大规模开展，最初小额贷款公司的经营数据不够完善和稳定，经过两年的试点工作，小额贷款公司经营逐渐趋于稳定，所以选择从 2011 年开始，而 2016 年是能获取到的小额贷款公司的最新经营数据。

县域宏观经济变量和银行业金融机构信贷数据来源于 Wind 数据库、《山东统计年鉴》、《山东金融年鉴》、各县（县级市）的《国民经济和社会发展统计公报》、《政府工作报告》和各县（县级市）年鉴。各县（县级市）银行分支网点数据来源于《山东金融年鉴》和中国银保监会网站的"金融许可证信息系统"（http：//xukezheng. cbrc. gov. cn/ilicence/licence/licence-Query. jsp）。模型中的变量说明和数据的描述性统计见表 5-1。

从表 5-1 可以看出，在小额贷款公司社会绩效变量方面，样本小额

---

① 截至 2016 年底，山东省共有 83 个县（县级市）。个别县市在样本期间内撤县设区，由于撤县设区时间尚短，并发生在样本期间，所以仍包含在总样本中，包括东营垦利（2016 年撤县设区）、济南章丘（2016 年撤市设区）、菏泽定陶（2016 年撤县设区）、德州陵县（2014 年撤县设区）、威海文登（2014 年撤市设区）、滨州沾化（2014 年撤县设区）、济宁兖州（2013 年撤市设区）。另外，个别县（县级市）没有设立小额贷款公司（烟台长岛，作为山东省唯一海岛县，经济结构比较特殊），或被取消了小额贷款公司试点资格（济阳和汶上），选择样本时将其剔除。这样，最后共获得 87 个县（县级市）的样本数据。

贷款公司的户均贷款额度与人均 GDP 倍数均值为 38. 180。在小额贷款公司财务绩效变量方面，样本小额贷款公司的 ROA 均值为 4.9%，ROE 的均值为 5.4%，个别小额贷款公司出现亏损。在信贷市场竞争变量方面，样本 87 个县（县级市）的金融机构本外币贷款余额/GDP 的比值平均为 59.5%，其最大值和最小值的差距为 5.8 倍；每 10 平方公里银行网点数量平均为 0.706，其最大值和最小值的差距为 15.5 倍；每万人银行网点数量平均为 1.323，其最大值和最小值的差距为 8.8 倍，表明山东省各县域的信贷市场竞争水平存在较大的差异和不平衡性。

表 5 -1 变量说明与描述性统计

变量名称	变量符号	衡量指标与计算方法	均值	标准差	最大值	最小值	观测值
小额贷款公司经营绩效变量							
社会绩效	avgloan/GDPcap	倍，户均贷款额度/当地人均 GDP	38. 18	78. 05	2205.83	1. 73	934
财务绩效	ROA	资产收益率，全年累计营业利润/总资产	0.049	0.091	0.455	-2.150	934
	ROE	净资产收益率，全年累计营业利润/净资产	0.054	0.099	0.805	-2.152	934
信贷市场竞争变量							
	credit/GDP	银行业金融机构本外币贷款余额/GDP	0.595	0.220	1.345	0.232	934
	branches/km	个/10 平方公里，每 10 平方公里银行网点数量	0.706	0.312	2.200	0.142	934
	branches/cap	个/万人，每万人银行网点数量	1.323	0.567	3.562	0.406	934
小额贷款公司经营特征变量							
资产规模	asset	万元，总资产	13859.68	7842.996	80463.7	1859	934
员工人数	employee	人，高管人数＋普通员工人数	11.773	4.626	36	4	934

变量名称	变量符号	衡量指标与计算方法	均值	标准差	最大值	最小值	观测值
小额贷款公司经营特征变量							
资产负债率	DAR	年末负债总额/资产总额	0.061	0.107	0.779	0	934
市场份额	MS	全年累计发放贷款额/所在县市所有小贷公司累计贷款额	0.501	0.360	1	0.0003	934
县域宏观经济变量							
国内生产总值	GDP	亿元，实际国内生产总值	434.01	256.44	1053.69	85.62	934
产业结构	industry	第一产业增加值/GDP	0.111	0.049	0.563	0.035	934
对外贸易	trade	进出口总额/GDP	0.208	0.217	1.418	0.005	934

注：本表中变量（avgloan/GDPcap、asset、employee、GDP）未取自然对数。

在小额贷款公司经营特征方面，资产规模平均为 13859 万元，员工人数平均为 12 人，均远远低于县域的传统银行业金融机构，说明小额贷款公司尚处于初步发展阶段，其经营规模仍相对较小。在资产负债率方面，均值为 6.1%，说明小额贷款公司的资产负债率相对较低，这也表明小额贷款公司的外部负债较低，其资本主要依靠自有资本，外部融资较少。在市场份额方面，平均市场份额为 50%，这可能是由于大部分县市小额贷款公司数量不多、并且有的县市仅有一家小额贷款公司，所以小额贷款公司的平均市场份额较高。

为了更好地掌握主要变量随时间变化的特征，又按照年份进行了描述性统计（主要展示了均值和标准差）。从表 5 - 2 的分年度描述性统计可以看出，在样本小额贷款公司的经营绩效变量方面，小额贷款公司的平均每户贷款额度与当地人均 GDP 之比（avgloan/GDPcap）随着时间变化整体呈现上升趋势，由 2011 年平均 34.69 倍上升到 2016 年的 47.16 倍；样本小额贷款公司的资产收益率（ROA）总体上呈现下降的趋势，2011 年 6.4%，2016 年为 1.4%。净资产收益率（ROE）也总体上呈现下降的趋势，2011 年为 7.9%，2016 年为 1.5%。由此可见，小额贷款公司的经营收益在 2015 年和 2016 年明显下降。

表 5 – 2   主要变量的分年度描述性统计

变量	2011 年	2012 年	2013 年	2014 年	2015 年	2016 年
avgloan/GDPcap	34.69 (23.88)	32.68 (21.95)	40.46 (42.15)	38.26 (36.95)	33.75 (28.38)	47.16 (171.37)
ROA	0.064 (0.054)	0.072 (0.0385)	0.071 (0.041)	0.061 (0.056)	0.022 (0.170)	0.014 (0.063)
ROE	0.079 (0.088)	0.081 (0.045)	0.079 (0.049)	0.064 (0.071)	0.024 (0.173)	0.015 (0.065)
credit/GDP	0.532 (0.160)	0.564 (0.190)	0.581 (0.208)	0.600 (0.224)	0.625 (0.242)	0.632 (0.244)
branches/km	0.656 (0.283)	0.687 (0.294)	0.694 (0.281)	0.720 (0.308)	0.722 (0.335)	0.729 (0.346)
branches/cap	1.245 (0.488)	1.278 (0.482)	1.311 (0.513)	1.336 (0.585)	1.360 (0.622)	1.358 (0.639)
asset	12447.18 (6040.85)	13422.2 (7310.78)	14053.37 (7715.05)	14035.24 (7192.99)	14204.42 (8512.14)	14249.97 (9136.62)
employee	11.22 (4.55)	11.72 (4.19)	11.55 (3.72)	12.35 (4.83)	12.22 (5.17)	11.21 (4.91)
DAR	0.121 (0.141)	0.086 (0.123)	0.067 (0.110)	0.045 (0.086)	0.047 (0.090)	0.035 (0.088)
MS	0.635 (0.351)	0.550 (0.360)	0.490 (0.360)	0.454 (0.345)	0.475 (0.353)	0.480 (0.373)
观测值	95	135	168	187	183	166

注：（1）（）内为标准差；（2）本表中变量（avgloan/GDPcap、asset、employee）未取自然对数。

同时，在小额贷款公司所在县域的信贷市场竞争变量方面，金融机构本外币贷款余额/GDP（credit/GDP）呈逐年上升的趋势，2011 年 53.2%，2016 年上升到 63.2%；每 10 平方公里银行网点数量（branches/km）也随着时间的变化而逐步提高，由 2011 年的 0.656 提高到 2016 年的 0.729；每万人银行网点数量（branches/cap）也由 2011 年 1.245 上升到 2016 年的 1.358，这说明县域银行业金融机构发展势头良好并呈现稳步增长趋势，县域信贷市场竞争随着时间推移均趋于不断提高。在小额贷款公司自身经营特征变量方面，小额贷款公司的资产规模（asset）随着时间推移在总体趋势上呈上升趋势，2011 年为 12447 万元，2016 年上升到 14250 万元；小额贷款公司的员工人数（employee）相对比较稳定，随时间的变化不太明显；小额贷款公司的资产负债率（DAR）随时间推移呈现逐步下降趋势；小额贷款公司的市场份额（MS）随着时间推移呈现逐渐下降的趋势，说明随着小额贷款公司数量的不断增加，小额贷款公司所占的市场份额逐步下降。

表 5 – 3 报告了主要变量之间的相关系数矩阵，从表 5 – 3 可以看出，就小额贷款公司的经营绩效变量而言，测度小额贷款公司财务绩效的变量——资产收益率（ROA）与净资产收益率（ROE）之间高度正相关（0.983）；同时，小额贷款公司的财务绩效变量——资产收益率（ROA）、净资产收益率（ROE）均与社会绩效变量——户均贷款额度/当地人均 GDP（lnavgloan/GDPcap）之间显著正相关。就信贷市场竞争变量而言，每 10 平方公里银行网点数量（branches/km）和每万人银行网点数量（branches/cap）之间显著正相关（0.614），并均与银行业金融机构本外币贷款余额/GDP（credit/GDP）显著正相关。就信贷市场竞争变量与小额贷款公司经营绩效变量而言，从表 5 – 3 可以看出，总体上信贷市场竞争变量与小额贷款公司经营绩效变量之间存在负相关。

表 5 – 3 　　　　　　　　　　主要变量的相关系数

变量	lnavgloan/GDPcap	ROA	ROE	credit/GDP	branches/km	branches/cap
lnavgloan/GDPcap	1					
ROA	0.093* (0.004)	1				
ROE	0.096* (0.003)	0.983* (0.000)	1			

变量	lnavgloan/GDPcap	ROA	ROE	credit/GDP	branches/km	branches/cap
credit/GDP	0.150 * (0.000)	− 0.067 * (0.039)	− 0.060 (0.066)	1		
branches/km	− 0.219 * (0.000)	− 0.064 * (0.049)	− 0.062 (0.057)	0.170 * (0.000)	1	
branches/cap	− 0.198 * (0.000)	0.029 (0.380)	0.045 (0.174)	0.333 * (0.000)	0.614 * (0.000)	1

注：＊表示在 5% 的显著水平上显著，（）内为 p 值。

5.3　实证结果分析

5.3.1　信贷市场竞争与小额贷款公司社会绩效

采用 Stata14.0 软件对模型（5 – 1）进行回归，被解释变量为测度小额贷款公司社会绩效的变量——户均贷款额度/当地人均 GDP（lnavgloan/GDPcap），以考察信贷市场竞争对小额贷款公司社会绩效的影响。在进行多元回归分析前，本书首先对计量模型适用的回归方法进行判别。面板设定的 F 检验和 Hausman 检验的结果显示，在混合 OLS 回归模型、固定效应模型和随机效应模型中，固定效应模型为更适合本研究的回归分析方法。个体固定效应模型的基本回归结果如表 5 – 4 所示。

表 5 – 4　　信贷市场竞争与小额贷款公司社会绩效的回归结果

变量	lnavgloan/GDPcap		
	（1）	（2）	（3）
	FE	FE	FE
credit/GDP	− 0.488 * (0.261)		
branches/km		− 0.193 (0.250)	

续表

变量	lnavgloan/GDPcap		
	(1)	(2)	(3)
	FE	FE	FE
branches/cap			−0.359** (0.170)
lnasset	0.304*** (0.104)	0.286*** (0.104)	0.297*** (0.103)
lnemployee	0.048 (0.079)	0.044 (0.079)	0.054 (0.079)
DAR	−0.335 (0.255)	−0.260 (0.252)	−0.294 (0.251)
MS	0.370*** (0.110)	0.370*** (0.111)	0.373*** (0.110)
lnGDP	−0.393* (0.229)	−0.510** (0.222)	−0.402* (0.225)
industry	1.057 (1.124)	1.020 (1.126)	1.082 (1.124)
trade	−0.074 (0.094)	−0.073 (0.094)	−0.049 (0.095)
Constant	2.663* (1.408)	3.372** (1.354)	2.943** (1.358)
R-squared	0.053	0.049	0.054
面板设定 F 检验	4.67 [0.0000]	4.62 [0.0000]	4.52 [0.0000]
Hausman 检验	36.27 [0.0000]	31.31 [0.0003]	33.80 [0.0001]
Observations	934	934	934
Number of company	199	199	199

注：（1）（ ）内数值为标准误，［ ］内数值为 P 值。（2）＊、＊＊、＊＊＊分别表示在 10%、5% 和 1% 的显著水平上显著。（3）面板设定 F 检验的原假设是个体效应不显著，若拒绝原假设，则说明应使用面板回归方法而非混合回归；Hausman 检验的原假设是随机效应模型有效，若拒绝原假设，则应使用固定效应模型。

如表 5 - 4 的回归结果所示，信贷市场竞争变量（credit/GDP、branches/cap、branches/km）对小额贷款公司的户均贷款额度/当地人均 GDP（lnavgloan/GDPcap）的影响系数均为负，并且 credit/GDP 变量和 branches/cap 变量的影响系数分别在 5% 和 10% 的显著水平上显著，所以从总体上信贷市场竞争水平对户均贷款额度/当地人均 GDP 存在显著的负向影响。这表明在信贷市场竞争水平越高的县域，小额贷款公司的户均贷款额度/当地人均 GDP 越低，也就是说小额贷款公司越倾向于向贫困客户发放贷款，从而小额贷款公司的社会绩效越高。换言之，信贷市场竞争对小额贷款公司的社会绩效存在显著的正向影响，这与奥利瓦雷斯 - 波朗科（Olivares - Polanco，2005）、杨虎锋和何广文（2012）、周顺兴（2015）等的结论相符合。

这可能是由于在信贷市场竞争比较激烈的县域，当地资金需求绝大部分已经通过银行业金融机构获得满足，使得小额贷款公司不得不倾向于市场下沉，更加倾向于向较难获得银行业金融机构支持的较贫困的客户发放贷款，从而户均贷款额度/当地人均 GDP 越低、社会绩效越高；而在信贷市场竞争不激烈的县域，由于当地银行业金融机构发展不足，很多资金需求无法从银行业金融机构获得满足，从而对小额贷款公司的资金需求比较旺盛，这使得小额贷款公司的户均贷款额度/当地人均 GDP 越高、社会绩效较低。

在控制变量上，首先就小额贷款公司的自身经营特征控制变量而言，小额贷款公司的资产规模（lnasset）对户均贷款额度/当地人均 GDP（lnavgloan/GDPcap）的影响系数在 1% 的显著水平上为正，表明小额贷款公司的资产规模对户均贷款额度/当地人均 GDP 存在显著的正向影响。这说明小额贷款公司的资产规模越大，其户均贷款额度/当地人均 GDP 也越大、社会绩效越低。同时，小额贷款公司的市场份额（MS）对户均贷款额度/当地人均 GDP（lnavgloan/GDPcap）的影响系数也在 1% 的显著水平上为正，表明小额贷款公司的市场份额对户均贷款额度/当地人均 GDP 存在显著的正向影响。这说明小额贷款公司的市场份额越大，其户均贷款额度/当地人均 GDP 也越大、社会绩效越低。员工数量和资产负债率对小额贷款公司户均贷款额度/当地人均 GDP 的影响并不显著。

其次，就县域宏观经济控制变量而言，国内生产总值（lnGDP）对小额贷款公司户均贷款额度/当地人均 GDP 的影响系数显著为负，表明国内生产总值与小额贷款公司户均贷款额度/当地人均 GDP 具有显著的正相关关系。这可能是由于在国内生产总值越高、经济越发达的县域,实体经济非常发达,企业数量较多并且规模大、效益好,比较容易达到商业银行的信贷条件,所以绝大多数都通过商业银行获得所需资金,因而对小额贷款公司贷款需求较少,使得小额贷款公司市场下沉,倾向于对较贫困的、较难从商业银行获得贷款的客户发放贷款;而在国内生产总值较低、经济相对落后的县域,实体经济不够发达,很多小微企业规模小、效益差,无法满足商业银行信贷要求,从而转而对小额贷款公司存在较高的资金需求,使得小额贷款公司的户均贷款额度较高。

综上所述,小额贷款公司主要填补了银行业金融机构未服务的市场,在信贷市场竞争越激烈的县域,银行业金融机构服务了大部分客户,留给小额贷款公司的潜在客户群体相对较少,迫使小额贷款公司市场定位下沉,实行差异化发展,倾向于向较贫困的客户发放贷款,让更多的贫困弱势群体获得了信贷支持,从而拓展了其覆盖深度,提高了其社会绩效。

5.3.2　信贷市场竞争与小额贷款公司财务绩效

采用 Stata14.0 软件对模型（5-1）进行回归,被解释变量为衡量小额贷款公司财务绩效的两个变量——资产收益率（ROA）和净资产收益率（ROE）,以考察信贷市场竞争对小额贷款公司财务绩效的影响。在进行多元回归分析前,本书首先对计量模型适用的回归方法进行判别。面板设定的 F 检验和 Hausman 检验的结果显示,在混合 OLS 回归模型、固定效应模型和随机效应模型中,固定效应模型更加适合本书研究。个体固定效应模型的基本回归结果如表5-5所示。表5-5的回归结果显示,信贷市场竞争变量（credit/GDP、branches/km 与 branches/cap）对小额贷款公司财务绩效（ROA 和 ROE）的影响系数均显著为负,表明信贷市场竞争对小额贷款公司的财务绩效存在显著的负向影响。在信贷市场竞争水平越高的县域,小额贷款公司的财务绩效越低;而在信贷市场竞争水平越低的县域,小额贷款公司的财务绩效越高。这与范鲁塞等（2013）、阿瑟法等（Assefa et al., 2013）、董晓林等（2014）、周顺兴（2016）的观点相一致。

表5-5　　　信贷市场竞争与小额贷款公司财务绩效的回归结果

变量	ROA			ROE		
	(1)	(2)	(3)	(4)	(5)	(6)
	FE	FE	FE	FE	FE	FE
credit/GDP	-0.161 *** (0.045)			-0.165 *** (0.048)		
branches/km		-0.081 ** (0.052)			-0.088 ** (0.055)	
branches/cap			-0.017 * (0.029)			-0.020 * (0.032)
lnasset	0.096 *** (0.018)	0.091 *** (0.018)	0.089 *** (0.018)	0.082 *** (0.019)	0.077 *** (0.019)	0.075 *** (0.019)
lnemployee	0.026 * (0.014)	0.025 * (0.014)	0.024 * (0.014)	0.030 ** (0.015)	0.029 ** (0.015)	0.028 * (0.015)
DAR	-0.143 ** (0.044)	-0.119 *** (0.043)	-0.117 *** (0.044)	-0.037 (0.047)	-0.013 (0.046)	-0.011 (0.047)
MS	-0.011 (0.019)	-0.011 (0.019)	-0.010 (0.019)	-0.009 (0.020)	-0.010 (0.020)	-0.009 (0.020)
GDP	-0.146 *** (0.039)	-0.182 *** (0.038)	-0.190 *** (0.039)	-0.154 *** (0.042)	-0.189 *** (0.041)	-0.197 *** (0.042)
industry	0.067 (0.193)	0.056 (0.194)	0.056 (0.194)	0.082 (0.206)	0.071 (0.208)	0.071 (0.208)
trade	-0.015 (0.016)	-0.015 (0.016)	-0.015 (0.016)	-0.019 (0.017)	-0.018 (0.017)	-0.018 (0.018)
Constant	0.047 *** (0.241)	0.268 (0.233)	0.303 (0.235)	0.215 (0.258)	0.438 * (0.250)	0.473 * (0.251)
R-squared	0.086	0.073	0.070	0.086	0.074	0.072
面板设定 F检验	1.38 [0.0016]	1.36 [0.0023]	1.34 [0.0037]	1.38 [0.0016]	1.37 [0.0022]	1.34 [0.0039]

续表

变量	ROA			ROE		
	(1)	(2)	(3)	(4)	(5)	(6)
	FE	FE	FE	FE	FE	FE
Hausman 检验	42. 75 [0. 0009]	42. 39 [0. 0040]	40. 36 [0. 0000]	39. 26 [0. 0022]	39. 20 [0. 0000]	36. 96 [0. 0000]
Observations	934	934	934	934	934	934
Number of company	199	199	199	199	199	199

注：（1）（）内数值为标准误，[ ]内数值为 P 值。（2）＊、＊＊、＊＊＊分别表示在 10%、5% 和 1% 的显著水平上显著。（3）面板设定 F 检验的原假设是个体效应不显著，若拒绝原假设，则说明应使用面板回归方法而非混合回归；Hausman 检验的原假设是随机效应模型有效，若拒绝原假设，则应使用固定效应模型。

究其原因，这可能是由于我国小额贷款公司还处于初步发展阶段，社会认知度较低，在信贷市场竞争中仍处于劣势地位。所以，在信贷市场竞争越激烈的县域，小额贷款公司的发展空间受限，面临产品定价下调、经营利润缩减等问题，从而降低了小额贷款公司的财务绩效，这也在一定程度上降低了社会融资成本。而在信贷市场竞争程度较低的县域，很多信贷需求没有通过银行业金融机构获得满足，所以小额贷款公司的发展空间比较广阔，在产品定价等方面拥有一定的话语权，从而有利于小额贷款公司财务绩效的提高。

在控制变量方面，首先就小额贷款公司的自身经营特征控制变量而言，小额贷款公司的资产规模（lnasset）和员工数量（lnemployee）对小额贷款公司的资产收益率和净资产收益率的影响均显著为正，表明小额贷款公司的资产规模和员工数量对小额贷款公司财务绩效存在显著的正向影响。这可能是由于资产规模越大和员工数量越多的小额贷款公司，其资金实力越雄厚，人才资源更加充足，从而有利于财务绩效的提高。

其次，就县域宏观经济控制变量而言，国内生产总值（lnGDP）对小额贷款公司的资产收益率和净资产收益率均存在显著的负向影响。表明在国民经济发展水平越高的县域，小额贷款公司的财务绩效越低；而在国民经济发展水平越低的县域，小额贷款公司的财务绩效越高。这可能是由于在经济发展水平越高的县域，客户越能满足银行业金融机构的信贷条件，而大多数通过银行业金融机构获得信贷资金，从而对小额贷款公司的信贷需求较低，使小额贷款公司下调贷款定价、缩减经营利润，不利于其财务绩效的提高。

5.3.3 子样本回归结果分析

1. 经营时间子样本回归结果

自 2008 年山东省进行小额贷款公司试点以来，小额贷款公司在山东省快速发展，但是小额贷款公司在成立时间上存在较大的差异，有的小额贷款公司成立较早、经营时间较长，而有的小额贷款公司成立较晚、经营时间较短，本书选取的 199 家县域小额贷款公司样本成立时间的具体情况见表 5 - 6①。由表 5 - 6 可见，样本小额贷款公司中 2012 年（含 2012 年）前成立、经营时间在 5 年以上的共有 138 家，占比 69.35%，在数量上占据绝对优势；样本小额贷款公司中 2012 年后成立、经营时间在 5 年以下的共有 61 家，占比 30.65%。经营时间长短可能是影响小额贷款公司经营绩效的重要因素，所以本书进一步将小额贷款公司按照成立时间早晚进行分组，分成 2012 年前（含 2012 年）成立、经营时间在 5 年以上的小额贷款公司和 2012 年后成立、经营时间在 5 年以下的小额贷款公司两组子样本进行分析，考察信贷市场竞争对经营时间长短不同的小额贷款公司经营绩效的异质性影响，按经营时间子样本回归结果如表 5 - 7 所示。

表 5 - 6　　　　　　　　　样本小额贷款公司成立时间统计

成立时间（年）	小额贷款公司数量（家）	占比（%）
2008	7	3.52
2009	15	7.54
2010	49	24.62
2011	47	23.62
2012	20	10.05

---

① 由于 2016 年成立的小额贷款公司只有 2016 年一年的经营数据，不满足样本至少有 2 年观测值的要求，所以本书样本中不包含 2016 年成立的小额贷款公司。

续表

成立时间（年）	小额贷款公司数量（家）	占比（%）
2013	38	19.10
2014	14	7.04
2015	9	4.52

表 5 - 7　　　　　　　　　经营时间子样本回归结果

变量	lnavgloan/GDPcap	ROA	ROE	lnavgloan/GDPcap	ROA	ROE
	2012 年前成立子样本			2012 年后成立子样本		
	（1）	（2）	（3）	（4）	（5）	（6）
credit/GDP	-0.480*	-0.164***	-0.168***	-0.101	-0.151**	-0.151**
	(0.273)	(0.052)	(0.056)	(0.778)	(0.059)	(0.061)
lnasset	0.345***	0.093***	0.078***	-1.095**	0.198***	0.193***
	(0.105)	(0.020)	(0.021)	(0.544)	(0.041)	(0.043)
lnemployee	0.037	0.029*	0.034*	-0.041	0.016	0.016
	(0.091)	(0.017)	(0.019)	(0.154)	(0.012)	(0.012)
DAR	-0.313	-0.130***	-0.022	3.131**	-0.369***	-0.302***
	(0.262)	(0.050)	(0.053)	(1.255)	(0.095)	(0.099)
MS	0.226*	-0.016	-0.015	1.155***	0.008	0.010
	(0.121)	(0.023)	(0.025)	(0.246)	(0.019)	(0.019)
lnGDP	-0.333	-0.145***	-0.152***	-1.639	-0.123	-0.121
	(0.236)	(0.045)	(0.048)	(1.197)	(0.090)	(0.094)
industry	0.699	0.056	0.072	16.460	0.729	0.753
	(1.117)	(0.212)	(0.227)	(10.740)	(-0.810)	(0.844)
trade	-0.082	-0.013	-0.015	-0.155	-0.009	-0.016
	(0.103)	(0.020)	(0.021)	(0.229)	(0.017)	(0.018)
Constant	2.025	0.064	0.234	21.430**	-1.090*	-1.065
	(1.427)	(0.271)	(0.290)	(8.463)	(0.638)	(0.665)
R-squared	0.045	0.080	0.082	0.279	0.290	0.272

变量	lnavgloan/GDPcap	ROA	ROE	lnavgloan/GDPcap	ROA	ROE
	2012 年前成立子样本			2012 年后成立子样本		
	(1)	(2)	(3)	(4)	(5)	(6)
面板设定 F 检验	4.62 [0.0000]	1.45 [0.0019]	1.47 [0.0013]	4.85 [0.0000]	2.48 [0.0000]	2.36 [0.0000]
Hausman 检验	26.21 [0.0019]	27.64 [0.0011]	25.36 [0.0026]	45.39 [0.0000]	40.44 [0.0000]	38.61 [0.0000]
Observations	734	734	734	200	200	200
Number of company	138	138	138	61	61	61

注：（1）（）内数值为标准误，[ ] 内数值为 P 值。（2）＊、＊＊、＊＊＊分别表示在10%、5%和1%的显著水平上显著。（3）为节省篇幅，只汇报了关键解释变量金融发展深度（credit/GDP）的影响结果。

经营时间子样本回归结果显示，2012 年前（含 2012 年）成立的、经营时间在 5 年以上或者说较老的小额贷款公司回归结果与全样本的回归结果一致，信贷市场竞争（credit/GDP）与小额贷款公司户均贷款额度/当地人均 GDP（lnavgloan/GDPcap）、资产收益率（ROA）、净资产收益率（ROE）均存在显著的负向关系。2012 年后成立的、经营时间在 5 年以下或者较新的小额贷款公司的回归结果与全样本的回归结果存在着一定差异，信贷市场竞争（credit/GDP）与小额贷款公司资产收益率（ROA）、净资产收益率（ROE）均存在显著的负向关系，但是信贷市场竞争与户均贷款额度/当地人均 GDP（lnavgloan/GDPcap）的影响系数为负、但不显著，这可能是由于 2012 年后成立的小额贷款公司的经营时间较短，信贷市场竞争对其社会绩效的影响可能还未展现出来，影响相对较弱。这也在一定程度上说明，随着小额贷款公司经营时间的增加、经营的逐渐成熟，小额贷款公司的社会绩效逐渐凸显出来。

2. 经营区域子样本回归结果

由于地理位置、自然资源、人文环境等因素的影响，山东省各县域的经济发展水平存在很大的区域差异。据统计数据显示，2017 年山东省 17

地市的国民生产总值排名，青岛（11037.28 亿元）、烟台（7338.95 亿元）和济南（7201.96 亿元）位居前三，是引领山东省经济发展的"领头雁"。2017 年山东省提出建设济青烟国家科技成果转移转化示范区，济南、青岛和烟台成为山东省新旧动能转换的"三核"。所以本书将小额贷款公司的总样本分成设立在济青烟区县域的小额贷款公司和非设立在济青烟区县域的小额贷款公司两组子样本，考察信贷市场竞争对设立在不同经济发展水平县域的小额贷款公司经营绩效的异质性影响。样本 199 家县域小额贷款公司设立在济青烟的共有 35 家，占比 17.59%；设立在非济青烟区的共有 164 家，占比 82.41%，在数量上占绝对优势。分区域子样本回归结果如表 5 – 8 所示。

表 5 – 8　　　　　　　　　　经营区域子样本回归结果

变量	lnavgloan/GDPcap	ROA	ROE	lnavgloan/GDPcap	ROA	ROE
	非济青烟区			济青烟区		
	(1)	(2)	(3)	(4)	(5)	(6)
credit/GDP	−0.518 ** (0.280)	−0.163 *** (0.050)	−0.168 *** (0.054)	−0.831 (0.931)	−0.226 ** (0.091)	−0.236 ** (0.098)
lnasset	0.314 *** (0.112)	0.088 *** (0.020)	0.071 *** (0.022)	0.108 (0.311)	0.152 *** (0.030)	0.156 *** (0.033)
lnemployee	0.099 (0.088)	0.027 * (0.016)	0.033 ** (0.017)	−0.216 (0.189)	−0.020 (0.019)	0.015 (0.020)
DAR	−0.358 (0.279)	−0.126 ** (0.050)	−0.008 (0.054)	0.016 (0.664)	−0.203 *** (0.065)	−0.171 *** (0.070)
MS	0.384 *** (0.129)	−0.014 (0.023)	−0.012 (0.025)	0.479 ** (0.229)	0.002 (0.022)	0.001 (0.024)
lnGDP	−0.480 * (0.251)	−0.130 *** (0.045)	−0.132 *** (0.048)	0.753 (0.991)	−0.086 (0.997)	−0.108 (0.105)
industry	0.940 (1.155)	0.039 (0.207)	0.055 (0.222)	12.440 (9.051)	1.642 * (0.884)	1.457 (0.957)
trade	−0.062 (0.096)	−0.018 (0.017)	−0.022 (0.019)	−0.932 (2.614)	0.099 (0.255)	0.180 (0.276)

续表

变量	lnavgloan/GDPcap	ROA	ROE	lnavgloan/GDPcap	ROA	ROE
	非济青烟区			济青烟区		
	(1)	(2)	(3)	(4)	(5)	(6)
Constant	3.000 *** (1.490)	0.018 (0.268)	0.182 (0.286)	3.180 (7.009)	−0.910 (0.684)	−0.786 (0.741)
R-squared	0.059	0.074	0.076	0.066	0.362	0.359
面板设定 F 检验	4.53 [0.0000]	1.30 [0.0140]	1.30 [0.0139]	4.36 [0.0000]	2.93 [0.0000]	3.01 [0.0000]
Hausman 检验	31.25 [0.0003]	29.91 [0.0005]	27.79 [0.0010]	8.13 [0.0010]	38.68 [0.0000]	37.77 [0.0000]
Observations	781	781	781	153	153	153
Number of company	164	164	164	35	35	35

注：（1）（ ）内数值为标准误，[ ]内数值为P值。（2）＊、＊＊、＊＊＊分别表示在10%、5%和1%的显著水平上显著。（3）为节省篇幅，只汇报了关键解释变量金融发展深度（credit/GDP）的回归结果。

如表5－8的回归结果所示，设立在非济青烟区的小额贷款公司的回归结果和全样本的回归结果完全一致，信贷市场竞争（credit/GDP）与小额贷款公司户均贷款额度/当地人均GDP（lnavgloan/GDPcap）、资产收益率（ROA）、净资产收益率（ROE）均存在显著的负向关系。同时，设立在济青烟区的小额贷款公司的回归结果和全样本的回归结果存在一定差异，信贷市场竞争（credit/GDP）与小额贷款公司资产收益率（ROA）、净资产收益率（ROE）均存在显著的负向关系；但是信贷市场竞争（credit/GDP）对小额贷款公司户均贷款额度/当地人均GDP（lnavgloan/GDPcap）的影响系数为负，但不显著。这说明信贷市场竞争对设立在济青烟经济较发达县域的小额贷款公司社会绩效的影响相对较弱，这可能是由于当地的经济比较发达，小额贷款公司市场份额占比较低，所以反应相对平淡滞后。

5.4 稳健性检验

5.4.1 面板固定效应——工具变量法

信贷市场竞争与小额贷款公司经营绩效之间可能存在双向因果关系而产生内生性问题，信贷市场竞争影响小额贷款公司的经营绩效，反过来小额贷款公司的经营绩效也可能对当地的信贷市场竞争程度产生影响。这种双向因果关系可能使解释变量和扰动项相关，从而导致估计参数可能是有偏的。为了解决有可能存在的内生性问题以及可能存在的遗漏变量等问题，本书使用面板固定效应——工具变量法（FE - IV，Fixed Effects - Instrumental Variable）进行重新估计。有效的工具变量需要满足两个条件：一是要满足相关性条件，即工具变量与内生解释变量之间存在相关性；二是要满足外生性条件，即工具变量与扰动项之间不相关。本书采用滞后期工具变量策略，选取内生变量——信贷市场竞争（credit/GDP）的滞后一期、滞后二期作为该变量当期值的工具变量。在时间序列和面板数据中，经常使用内生解释变量的滞后变量作为工具变量。因为滞后一期（即前一期）、滞后二期的信贷市场竞争与其当期值存在较强的相关性，并通过当期值对小额贷款公司经营绩效产生影响；另一方面，当期的小额贷款公司经营绩效对滞后一期、滞后二期的内生变量信贷市场竞争则不存在影响，这样就满足了工具变量的条件并可以解决反向因果关系。

本书采用面板固定效应——工具变量法进行估计，并在表5 - 9中汇报了回归结果①。为了进一步检验工具变量的合理性，本书对工具变量分别进行了不可识别检验、弱工具变量检验以及过度识别检验：（1）不可识别检验（underidentification test）：Anderson canon. corr. LM 检验的原假设是"H_0：工具变量不可识别"，若原假设被拒绝则表明工具变量是合理的。如表5 - 9所示，Anderson canon. corr. LM 检验在1%的水平上拒绝了"工具变量不可识别"的原假设，表明工具变量是合理的。（2）弱工具变量检验（weak identification test）：Cragg - Donald Wald F 检验的原假设是

---

① 下载非官方 Stata 命令 xtivreg2 进行 FE - IV 估计。

"H_0：存在弱工具变量"，若原假设被拒绝则表明工具变量是合理的。如表5-9所示，Cragg-Donald Wald F 检验结果明显大于 Stock-Yogo 检验10% 水平上的临界值16.38，因此拒绝了"存在弱工具变量"的原假设，表明不必担心弱工具变量问题。（3）过度识别检验（Overidentification test）：Sargan 检验的原假设为"H_0：所有工具变量都是外生的"，若接受原假设则表明工具变量是合理的。Sargan 检验均接受原假设，表明所选择的工具变量是合理的。

表5-9 面板固定效应——工具变量法的回归结果

变量	lnavgloan/GDPcap	ROA	ROE
	(1)	(2)	(3)
	FE-IV	FE-IV	FE-IV
credit/GDP	-2.240*** (0.818)	-0.506*** (0.172)	-0.563*** (0.175)
lnasset	0.069 (0.198)	0.269*** (0.042)	0.283*** (0.042)
lnemployee	0.097 (0.133)	-0.001 (0.028)	0.002 (0.028)
DAR	-0.477 (0.443)	-0.332*** (0.093)	-0.272*** (0.095)
MS	0.693*** (0.191)	-0.002 (0.040)	0.002 (0.041)
GDP	0.199 (0.524)	-0.243** (0.110)	-0.262** (0.112)
industry	0.731 (1.213)	0.060 (0.255)	0.071 [0.260]
trade	-0.002 (0.106)	0.006 (0.022)	0.007 [0.023]
Anderson canon. corr. LM 统计量	84.325 [0.0000]	84.325 [0.0000]	84.325 [0.0000]
Cragg-Donald Wald F 统计量	54.253 {19.93}	54.253 {19.93}	54.253 {19.93}

续表

变量	lnavgloan/GDPcap	ROA	ROE
	(1)	(2)	(3)
	FE – IV	FE – IV	FE – IV
Sargan 检验	0. 1510 [0. 6979]	0. 6350 [0. 4255]	0. 3130 [0. 5757]
Centered R^2	0. 046	0. 134	0. 152
Observations	503	503	503
Number of company	156	156	156

注：(1)( ) 内数值为标准误，[ ] 内数值为 P 值，╏╏ 内数值为 Stock – Yogo 检验 10% 水平上的临界值。(2) * 、** 、*** 分别表示在 10% 、5% 和 1% 的显著水平上显著。(3) Anderson canon. corr. LM 检验的原假设是 "H_0：工具变量识别不足"，若拒绝原假设则说明工具变量是合理的；Cragg – Donald Wald F 检验的原假设是 "H_0：存在弱工具变量"，若拒绝原假设则说明工具变量是合理的。Sargan 检验的原假设 "H_0：所有工具变量都是外生的"，若接受原假设则说明工具变量是合理的。

通过以上对工具变量进行的不可识别检验、弱工具变量检验以及过度识别检验，说明本书选取的工具变量是合理有效的，面板工具变量法的回归结果是相对可信的。如表 5 – 9 所示的 FE – IV 的回归结果，表明在考虑了模型可能存在的内生性后，credit/GDP 变量对小额贷款公司社会绩效和财务绩效影响方向和显著性与基本模型一致，并且引入工具变量后，FE – IV 估计结果中 credit/GDP 变量对小额贷款公司社会绩效和财务绩效的估计系数比 FE 估计系数大为提高。这表明本书所构造的 credit/GDP 滞后一期、滞后二期的工具变量非常稳健，也进一步说明了本书实证结果的稳健性。

5.4.2　使用 2013～2015 年平衡面板数据

为进一步确保研究结论的稳健性，本书通过变换样本数据进行了稳健性检验。使用 2013～2015 年山东省 80 个县（县级市）153 家小额贷款公司的平衡面板数据作为替换样本进行稳健性检验，之所以选择 2013～2015 年的平衡面板数据，是由于这期间小额贷款公司的数据相对比较集中，因而比较具有代表性，稳健性检验的回归结果如表 5 – 10 所示。稳健性检验结果显示，信贷市场竞争（credit/GDP）与小额贷款公司户均贷款额度/当地人均 GDP（lnavgloan/GDPcap）、资产收益率（ROA）、净资产收益率

（ROE）均存在显著的负向关系，与基准模型的实证结果一致，这进一步表明了本书实证结果的稳健性。

表 5 – 10　　　稳健性检验：使用 2013～2015 年平衡面板数据

变量	lnavgloan/GDPcap	ROA	ROE
	(1)	(2)	(3)
	FE	FE	FE
credit/GDP	−1.243 *** (0.417)	−0.309 *** (0.098)	−0.343 *** (0.099)
lnasset	0.299 (0.188)	0.417 *** (0.044)	0.439 *** (0.045)
lnemployee	0.081 (0.126)	0.006 (0.030)	0.014 (0.030)
DAR	−0.428 (0.369)	−0.427 *** (0.087)	−0.358 *** (0.088)
MS	0.631 *** (0.181)	−0.046 (0.042)	−0.043 (0.043)
lnGDP	−1.066 ** (0.491)	−0.309 *** (0.115)	−0.345 *** (0.117)
industry	0.479 (1.109)	−0.172 (0.260)	−0.173 (0.264)
trade	0.519 * (0.270)	0.037 (0.063)	0.046 (0.064)
Constant	6.890 ** (3.059)	−1.836 ** (0.718)	−1.841 ** (0.728)
R-squared	0.134	0.274	0.296
面板设定 F 检验	4.72 [0.0000]	1.74 [0.0000]	1.83 [0.0000]
Hausman 检验	38.92 [0.0000]	68.30 [0.0000]	74.50 [0.0000]

变量	lnavgloan/GDPcap	ROA	ROE
	(1)	(2)	(3)
	FE	FE	FE
Observations	459	459	459
Number of company	153	153	153

注：（1）（）内数值为标准误，［］内数值为 P 值。（2）＊、＊＊、＊＊＊分别表示在 10%、5% 和 1% 的显著水平上显著。（3）为节省篇幅，只汇报了关键解释变量金融发展深度（credit/GDP）的影响结果。

5.4.3　剔除样本期间撤县设区的县市

本书 87 个县域样本中有 7 个县市（济南章丘、东营垦利、菏泽定陶、滨州沾化、德州陵县、威海文登、济宁兖州）在样本期间撤县设区，由于撤县设区时间尚短，其中 3 个在 2016 年撤县设区（章丘、定陶、垦利），3 个在 2014 年撤县设区（陵县、文登、沾化），1 个在 2013 年撤县设区（兖州），所以将其包含在总样本中。为了使研究样本更具有可比性和一致性，本书从总样本中剔除在样本期间撤县设区的 7 个县市（县级市）进行稳健性检验。回归结果如表 5 - 11 所示，信贷市场竞争（credit/GDP）与小额贷款公司户均贷款额度/当地人均 GDP（lnavgloan/GDPcap）、资产收益率（ROA）、净资产收益率（ROE）均存在显著的负向关系，与基准模型的实证结果一致，这进一步表明了本书实证结果的稳健性。

表 5 -11　　　　　稳健性检验：剔除样本期间撤县设区的县市

变量	lnavgloan/GDPcap	ROA	ROE
	(1)	(2)	(3)
	FE	FE	FE
credit/GDP	- 0. 543 ** (0. 265)	- 0. 168 *** (0. 047)	- 0. 170 *** (0. 050)
lnasset	0. 299 *** (0. 108)	0. 101 *** (0. 019)	0. 086 *** (0. 020)
lnemployee	0. 107 (0. 088)	0. 026 * (0. 016)	0. 031 * (0. 017)

变量	lnavgloan/GDPcap	ROA	ROE
	(1)	(2)	(3)
	FE	FE	FE
DAR	− 0.296 (0.263)	− 0.151 *** (0.046)	− 0.046 (0.050)
MS	0.318 *** (0.114)	− 0.011 (0.020)	− 0.009 (0.021)
lnGDP	− 0.333 (0.237)	− 0.155 *** (0.042)	− 0.162 *** (0.045)
industry	0.876 (1.133)	0.045 (0.199)	0.060 (0.213)
trade	− 0.048 (0.105)	− 0.013 (0.018)	− 0.015 (0.020)
Constant	2.308 (1.435)	0.053 (0.252)	0.226 (0.270)
R-squared	0.049	0.088	0.085
面板设定 F 检验	4.73 [0.0000]	1.37 [0.0027]	1.36 [0.0029]
Hausman 检验	30.44 [0.0004]	40.63 [0.0000]	36.62 [0.0000]
Observations	875	875	875
Number of company	187	187	187

注：（1）（ ）内数值为标准误，［ ］内数值为 P 值。（2）＊、＊＊、＊＊＊分别表示在 10%、5% 和 1% 的显著水平上显著。（3）为节省篇幅，只汇报了关键解释变量金融发展深度（credit/GDP）的影响结果。

5.5 基于宏观数据的拓展分析

前面基于 199 家小额贷款公司的微观数据，采用户均贷款额度/当地人均 GDP（lnavgloan/GDPcap）作为社会绩效的逆向衡量指标，实证检验了信贷市场竞争对小额贷款公司社会绩效的影响，实证结果表明，县域信贷市场竞争水平对小额贷款公司的社会绩效具有显著的正向影响。根据黄惠春和徐佳（2013）等文献研究，小额贷款公司的网点数量也可作为社会绩效的衡量指标，小额贷款公司网点数量越多，则覆盖面越广，社会绩效越高。因此，本书基于 87 个县（县级市）的宏观面板数据，进一步实证检验县域信贷市场竞争对小额贷款公司网点数量的影响，从宏观角度进行拓展性分析和再验证。

近年来小额贷款公司经营网点数量不断增长，但其区域分布存在不平衡现象，以山东省为例，其中在经济比较发达、资本比较充足和活跃的县域，比如广饶、寿光、邹平、博兴、诸城、即墨等多个县市已经成立两家或两家以上的小额贷款公司，但在经济相对落后的多个县域仅有 1 家小额贷款公司（见表 5 - 12）。表 5 - 13 统计了 2016 年末山东省县域小额贷款公司的区域分布情况，可见经济发达、金融市场活跃的鲁东地区的县域小额贷款公司机构数量最多达 81 家，占比最高达 40.5%。

表 5 - 12   2016 年末山东省小额贷款公司数量排名前列的县域

所在县域	广饶	寿光	即墨	邹平	诸城	博兴	荣成	高密	胶州	平度	龙口
网点数量（家）	10	9	6	6	6	6	6	6	5	5	5

资料来源：根据山东省金融工作办公室统计数据整理。

表 5 - 13   2016 年末山东省县域小额贷款公司的区域分布

区域	鲁中	鲁东	鲁北	鲁南
小额贷款公司网点数量（家）	16	81	59	44
小额贷款公司网点数量占比（%）	8	40.5	29.5	22

资料来源：根据山东省金融工作办公室统计数据整理。

5.5.1　研究设计

本书使用 2011～2016 年山东省 87 个县（县级市）的面板数据，小额贷款公司的县域发展数据来自山东省金融工作办公室统计的 2011～2016 年山东省小额贷款公司的经营情况统计报表，剔除了小额贷款公司数量为 0 的个别年份和县域。县域银行业金融机构分支网点数据来源于各年度的《山东金融年鉴》和中国银保监会网站的"金融许可证信息系统"[①]，县域

[①]　http：//xukezheng. cbrc. gov. cn/ilicence/licence/licenceQuery. jsp.

宏观经济变量的数据来自 Wind 数据库、《山东统计年鉴》、《山东金融年鉴》和各县（县级市）的《国民经济和社会发展统计公报》、《政府工作报告》以及年鉴。

1. 变量选取

（1）被解释变量：小额贷款公司网点数量（mcc）。

本书选取两个指标来反映区域小额贷款公司网点数量：①每万人小额贷款公司数量（mccnumber/cap），即区域小额贷款公司网点数量/区域人口数量（个/万人），用来反映区域小额贷款公司网点数量情况。②人均小额贷款公司注册资本额（mcccapital/cap），即区域小额贷款公司注册资本额/区域人口数量（万元/人），区域人均小额贷款公司注册资本额越大，说明小额贷款公司规模越大。

（2）关键解释变量：信贷市场竞争（bank）。

本书选取三个指标来反映区域信贷市场竞争水平：①银行贷款/GDP（credit/GDP）的比例来测度，即所在县域的银行业金融机构本外币贷款余额与该县域当年地区生产总值之比。②每 10 平方公里的银行网点数量（branches/km）。③每万人的银行网点数量（branches/cap）。以上指标越高，表明信贷市场竞争越激烈。

（3）区域宏观经济控制变量。

①国内生产总值（GDP）。采用以 2011 年为基期的区域实际国内生产总值来衡量，国内生产总值可以反映区域的经济发展水平。经济发展水平越高，则该区域的实体经济越为活跃发达，具有雄厚的资金积累和实力的大型企业越多，从而有充足的资本参与小额贷款公司的筹建与经营。

②产业结构（industry）。采用第一产业增加值占 GDP 的比重来测度，反映县域产业结构状况。第一产业占比越高，说明农业在该区域经济发展中居于更加重要的位置，而小额贷款公司的一个重要职能就是为"三农"提供小微服务，因而存在庞大的潜在客户群体。

③对外贸易（trade）。采用进出口总额占 GDP 的比重来测量，反映该区域的对外贸易发展状况。在对外贸易发展越兴旺的县域，说明该区域从事对外贸易的企业众多，因而存在更多的信贷需求。

为了消除可能存在的异方差问题，对区域国内生产总值（GDP）进行了对数处理。同时，为了消除价格波动因素的影响，对各名义变量如区域国内生产总值均以 2011 年为基期按照各区域的居民消费价格指数进行了平减处理。对各区域美元计价的进出口总额，使用相应年份美元兑人民币的年平均汇率进行换算，2011～2016 年美元兑人民币的年平均汇率的数据来自国家统计局统计数据。

　　书中各变量的说明和描述性统计分析结果见表 5 - 14。从变量的描述性统计可见，山东省的小额贷款公司网点数量分布不平衡，各县小额贷款公司网点数量存在着较大的差异，每万人的小额贷款公司网点数量的最大值为 0.199、最小值为 0.006；人均小额贷款公司注册资本额的最大值为 0.414，最小值为 0.003，表明各县域的小额贷款公司网点数量分布参差不齐。

表 5 - 14　　　　　　　　　　变量说明和描述性统计

变量名称	变量符号	衡量指标与计算方法	均值	标准差	最大值	最小值	观测值
小额贷款公司网点数量（mcc）	mccnumber/cap	个/万人，每万人小额贷款公司网点数量	0.031	0.028	0.199	0.006	468
	mcccapital/cap	万元/每人，人均小额贷款公司注册资本额	0.035	0.047	0.414	0.003	468
信贷市场竞争（bank）	credit/GDP	金融机构本外币贷款余额/GDP	0.532	0.181	1.345	0.232	468
	branches/km	个/10 平方公里，每 10 平方公里银行网点数量	0.647	0.306	2.200	0.142	468
	branches/cap	个/万人，每万人银行网点数量	1.186	0.497	3.562	0.406	468
地区生产总值	GDP	亿元，地区实际生产总值	346.020	220.220	1053.690	85.620	468
产业结构	industry	第一产业增加值/GDP	0.124	0.053	0.563	0.035	468
对外贸易	trade	进出口总额/GDP	0.172	0.222	1.418	0.004	468

注：本表中的变量（GDP）未取自然对数。

2. 模型设定

为了检验信贷市场竞争对小额贷款公司网点数量的影响，设定如下回归模型：

$$mcc_{it} = \beta_0 + \beta_1 bank_{it} + \beta_2 macro_{it} + \mu_i + \varepsilon_{it} \qquad (5-2)$$

其中，i 代表小额贷款公司所在的县域或省市，t 代表年份。被解释变量 mcc_{it} 为小额贷款公司网点数量，关键解释变量 $bank_{it}$ 为信贷市场竞争变量，$macro_{it}$ 为反映区域宏观经济特征的控制变量，包括区域实际国内生产总值、产业结构和对外贸易变量。μ_i 表示个体效应，ε_{it} 为随机扰动项，β_0、β_1、β_2 代表待估计参数。

5.5.2　实证结果分析

1. 基本估计结果

本书运用 Stata14 软件，对模型（5-2）进行回归，并采用个体固定效应模型，在表 5-15 中汇报了回归结果。可见，第（1）~（6）列回归结果中，信贷市场竞争水平对小额贷款公司网点数量的影响系数均在 1% 的显著水平上显著为正，表明信贷市场竞争对小额贷款公司网点数量具有显著的正向影响，信贷市场竞争越激烈的县域，小额贷款公司的机构网点数量也越多。这与卢立香（2016）、陆智强等（2015）的研究结论基本一致。

表 5-15　　信贷市场竞争对小额贷款公司网点数量的影响结果

变量	mccnumber/cap			mcccapital/cap		
	（1）	（2）	（3）	（4）	（5）	（6）
	FE	FE	FE	FE	FE	FE
credit/GDP	0.037 *** (0.007)			0.064 *** (0.011)		
branches/km		0.029 *** (0.008)			0.054 *** (0.013)	
branches/cap			0.025 *** (0.005)			0.044 *** (0.007)

续表

变量	mccnumber/cap			mcccapital/cap		
	（1）	（2）	（3）	（4）	（5）	（6）
	FE	FE	FE	FE	FE	FE
lnGDP	0.032*** （0.005）	0.039*** （0.004）	0.034*** （0.004）	0.044*** （0.007）	0.053*** （0.007）	0.047*** （0.007）
industry	0.010 （0.020）	0.018 （0.020）	0.012 （0.020）	0.018 （0.031）	0.030 （0.032）	0.021 （0.031）
trade	0.001 （0.003）	0.001 （0.003）	−0.001 （0.003）	−0.005 （0.004）	−0.005 （0.004）	−0.009 （0.004）
Constant	−0.174*** （0.025）	−0.209*** （0.025）	−0.196*** （0.024）	−0.248*** （0.040）	−0.306*** （0.038）	−0.285*** （0.038）
R-squared	0.292	0.260	0.290	0.271	0.237	0.270
面板设定 F 检验	32.28 [0.0000]	40.21 [0.0000]	32.29 [0.0000]	42.15 [0.0000]	51.10 [0.0000]	45.08 [0.0000]
Hausman 检验	28.01 [0.0000]	55.26 [0.0000]	48.08 [0.0000]	38.92 [0.0000]	45.00 [0.0000]	34.66 [0.0000]
Observations	468	468	468	468	468	468
Number of county	87	87	87	87	87	87

注：（1）（ ）内数值为标准误，[ ]内数值为 P 值。（2）*、**、***分别表示在 10%、5% 和 1% 的显著水平上显著。

　　这可能是由于在信贷市场竞争越激烈的县域，金融生态环境相对较好，信息成本和交易成本相对较低，并具有较强的金融聚集效应和融资便利效应等影响，同时经济发达的县域，资本实力雄厚的民营企业较多，民间资本充足活跃，所以有更多的民间资本参与到小额贷款公司的筹建和经营中，这些因素导致小额贷款公司更倾向于设立选址在经济金融较发达的县域。政府设立小额贷款公司的初衷是为了"引导资金流向农村和欠发达地区，提高农村地区的金融服务水平，促进'三农'的发展"，所以根据《指导意见》，小额贷款公司应选择设立选址在欠发达地区。

然而，小额贷款公司的实际设立情况可能与政府的政策初衷和期望存在一定的差异。

在控制变量方面，第（1）~（6）列回归结果中县域国内生产总值（lngdp）对小额贷款公司网点数量的影响系数均在1%的显著水平上显著为正，表明县域经济发展水平对小额贷款公司网点数量具有显著的正向影响，经济发展水平越高的县域，小额贷款公司的网点数量越多。这可能是由于经济发展水平越高的县域，该县的资本实力越雄厚，从而有更多的资本愿意参与到小额贷款公司的设立。同时，县域的产业结构和对外贸易状况对小额贷款公司网点数量不存在显著的影响。

2. 稳健性检验

全国小额贷款公司网点数量的区域分布亦存在不平衡，2016年底小额贷款公司机构数量在全国居于前三位的省份分别为江苏省（629家）、辽宁省（559家）、河北省（450家），小额贷款公司东部地区的机构数量占比为37.29%，中部地区为27.42%，西部地区为35.29%（见表5-16）。为了进一步检验实证结果的稳健性，本书进行了稳健性检验，采用2011~2016年全国31个省市的宏观面板数据进行估计，全国省际面板宏观数据的估计结果如表5-17所示，可见总体而言稳健性检验结果和前文山东省小额贷款公司县域面板数据的估计结果基本一致，表明信贷市场竞争对小额贷款公司网点数量具有显著的正向影响，这进一步表明了本书实证结果的稳健性。

表5-16　　　　　　2016年全国小额贷款公司的区域分布

区域	东部	中部	西部
小额贷款公司网点数量（家）	3234	2378	3061
小额贷款公司网点数量占比（%）	37.29	27.42	35.29

注：东部包括北京、天津、河北、辽宁、上海、江苏、浙江、福建、山东、广东、海南；中部包括山西、吉林、黑龙江、安徽、江西、河南、湖北、湖南；西部包括四川、重庆、贵州、云南、西藏自治区、陕西、甘肃、青海、宁夏回族自治区、新疆维吾尔自治区、广西、内蒙古自治区。

资料来源：根据中国人民银行统计数据整理。

表 5 - 17   稳健性检验

变量	mccnumber/cap			mcccapital/cap		
	(1)	(2)	(3)	(4)	(5)	(6)
	FE	FE	FE	FE	FE	FE
credit/GDP	0. 041 *** (0. 009)			0. 012 * (0. 007)		
branches/km		0. 028 *** (0. 009)			0. 015 ** (0. 007)	
branches/cap			0. 039 ** (0. 017)			0. 014 (0. 014)
lnGDP	0. 091 *** (0. 017)	0. 126 *** (0. 016)	0. 119 *** (0. 017)	0. 112 *** (0. 015)	0. 122 *** (0. 013)	0. 129 *** (0. 013)
industry	0. 208 (0. 229)	0. 175 (0. 237)	0. 158 (0. 242)	0. 006 (0. 193)	- 0. 003 (0. 192)	0. 0002 (0. 194)
trade	0. 024 (0. 020)	0. 041 * (0. 021)	0. 030 (0. 021)	0. 009 (0. 017)	0. 019 (0. 017)	0. 005 (0. 017)
Constant	- 0. 874 *** (0. 174)	- 1. 183 *** (0. 164)	- 1. 158 *** (0. 169)	- 1. 035 *** (0. 146)	- 1. 119 *** (0. 133)	- 1. 154 (0. 136)
R-squared	0. 471	0. 431	0. 411	0. 518	0. 524	0. 512
面板设定 F 检验	51. 16 [0. 0000]	48. 94 [0. 0000]	25. 90 [0. 0000]	33. 59 [0. 0000]	37. 11 [0. 0000]	28. 73 [0. 0000]
Hausman 检验	24. 45 [0. 0002]	47. 18 [0. 0000]	44. 89 [0. 0000]	34. 78 [0. 0000]	53. 55 [0. 0000]	55. 57 [0. 0000]
Observations	186	186	186	186	186	186
Number of province	31	31	31	31	31	31

注：（1）（）内数值为标准误，［ ］内数值为 P 值。（2）＊、＊＊、＊＊＊分别表示在 10%、5% 和 1% 的显著水平上显著。

综上所述，基于 199 家小额贷款公司微观数据的实证结果表明，信贷市场竞争对小额贷款公司的户均贷款额度/当地人均 GDP（lnavgloan/GDPcap）具有显著的负向影响，信贷市场竞争水平越高的县域，小额贷款公司的户均贷款额度/当地人均 GDP 越小，即信贷市场竞争对小额贷款公司社会绩效具有显著的正向影响；基于 87 个县域宏观数据的实证结果表明，信贷市场竞争对小额贷款公司的网点数量（mcc）具有显著的正向影响，即信贷市场竞争水平越高的县域，小额贷款公司的网点数量越多，覆盖面越广。总之，不管是基于微观数据还是宏观数据，实证结果均表明信贷市场竞争对小额贷款公司社会绩效存在显著的正向影响。

5.6　本章小结

基于 2011～2016 年山东省 87 个县（县级市）的 199 家小额贷款公司的非平衡面板数据，通过构建面板数据模型，本章实证检验县域信贷市场竞争对小额贷款公司经营绩效的影响效应。实证结果表明，县域信贷市场竞争对小额贷款公司的社会绩效和财务绩效存在显著的异质性影响。

（1）信贷市场竞争对小额贷款公司的社会绩效存在显著的正向影响，表明在信贷市场竞争越激烈的县域，小额贷款公司越倾向于下沉市场定位、更多地向更贫困的客户提供贷款，让更多的贫困弱势群体获得了信贷支持，更好地履行了其社会责任，社会绩效越高。这也说明小额贷款公司主要填补了传统银行业金融机构缺失的市场，主要向未获得传统金融信贷服务的客户提供信贷，对传统银行业金融机构起到有效的补充作用。

（2）信贷市场竞争对小额贷款公司的财务绩效存在显著的负向影响，表明在信贷市场竞争越激烈的县域，小额贷款公司经营利润缩减，财务绩效越低，这在一定程度上降低了当地的社会融资成本。

（3）进一步将样本小额贷款公司按照经营时间分成 2012 前成立和 2012 年后成立两组子样本、按照经营区域分成济青烟区和非济青烟区两组子样本进行子样本估计，子样本回归结果总体上与全样本回归结果相似，但也存在着一定的差异。相比之下，信贷市场竞争对 2012 年后成立的、较新的小额贷款公司社会绩效影响相对较弱，同时信贷市场竞争对设立在济青烟经济较发达县域的小额贷款公司社会绩效的影响相对较弱。

（4）为确保实证结果的稳健性，本书进行了一系列稳健性检验。考虑模型可能存在的内生性问题，采用面板固定效应——工具变量估计方法进行估计，回归结果和基本模型相符，表明本书实证结果的稳健性。同时，使用 2013～2015 年山东省 80 个县（县级市）153 家小额贷款公司的平衡面板数据，以及剔除在样本期间撤县设区的 7 个县市（县级市）作为替换样本进行稳健性检验，稳健性检验结果与基本模型相符，进一步验证了实证结果的稳健性。

（5）基于 2011～2016 年山东省 87 个县（县级市）的宏观面板数据，关于信贷市场竞争对小额贷款公司网点数量的影响进行了实证检验，实证结果显示信贷市场竞争水平对小额贷款公司网点数量存在显著的正向影响，这表明信贷市场竞争水平越高的县域，小额贷款公司的网点数量越多。同时，采用 2011～2016 年全国 31 个省市的面板数据进行稳健性检验，稳健性检验结果与前面的研究结论基本一致，进一步证明本书实证结果的稳健性。

信贷市场竞争对小额贷款公司
经营绩效影响机制的实证分析

6.1 引　言

　　第 5 章实证检验了信贷市场竞争对小额贷款公司经营绩效的影响效应，本章旨在进一步检验信贷市场竞争对小额贷款公司经营绩效的影响机制。基于产业组织理论的 SCP 分析范式，信贷市场结构影响小额贷款公司经营行为并最终作用于小额贷款公司的经营绩效。本章将在前面章节研究的基础上，通过进一步检验信贷市场竞争对小额贷款公司经营行为的影响，从而检验信贷市场竞争对小额贷款公司经营绩效的影响机理。

　　本章的研究思路是：使用山东省 87 个县（县级市）199 家小额贷款公司的 2011 ~ 2016 年的非平衡面板数据，构建面板计量模型并运用固定效应模型，首先实证检验信贷市场竞争对小额贷款公司贷款定价行为的影响；其次实证检验信贷市场竞争对小额贷款公司贷款投向行为的影响；再次考虑小额贷款公司经营时间、经营区域的差异是否对结果有影响，以小额贷款公司经营时间和经营区域为标准进行子样本检验；最后，运用中介效应分析方法，实证检验小额贷款公司经营行为在信贷市场竞争影响小额贷款公司经营绩效中发挥的中介效应。

6.2 研究设计

6.2.1 变量选取

1. 被解释变量：小额贷款公司经营行为

小额贷款公司自设立以来，为了提高自身的竞争力，不断在产品种类、产品定价、客户服务、信贷技术等经营行为方面推陈出新。本书探讨的小额贷款公司的经营行为主要包括贷款定价行为和贷款投向行为。

（1）贷款定价行为。小额贷款公司贷款定价行为主要是指发放贷款的利率水平的确定，本书使用小额贷款公司全年发放贷款的累计平均利率（interestrate）作为衡量贷款定价行为的指标，贷款利率水平越高，说明小额贷款公司的贷款定价越高。

对于小额贷款公司的利率水平，《指导意见》规定："小额贷款公司按照市场化原则进行经营，放开了贷款利率上限，但不得超过司法部门规定的上限，下限为人民银行公布的贷款基准利率的 0.9 倍，具体浮动幅度按照市场原则自主确定"[①]。由于小额贷款公司的贷款对象主要是小额、分散的小额客户，信贷成本较高、信贷风险较高，为了覆盖其偏高的经营成本和贷款风险，所以小额贷款公司的贷款利率水平一般高于银行业金融机构的同类贷款利率水平，但同时比民间借贷利率水平低。

由于利息收入是小额贷款公司的主要收入来源，所以利率水平的高低直接影响小额贷款公司的经营利润。一方面，提高贷款利率水平，有利于小额贷款公司经营收益的提高，但同时使得小额贷款公司对客户的吸引力和市场竞争力下降，并使得贷款客户的还贷压力加大，不利于贷款的偿还。另一方面，贷款利率太低，则会降低小额贷款公司的经营收益，影响其财务绩效和可持续发展。区域信贷市场竞争可能对小额贷款公司的利率水平产生影响，阿林等（Ahlin et al.，2010）基于 74 个国家 373 家小额

[①] 现行贷款通则规定，民间资本贷款利率不能高于同期同档次人民币基准利率的 4 倍的利率，这就是国家司法部门规定的银行贷款利率最高上限，超过部分不受法律保护。

信贷机构的数据，研究提出在信贷市场竞争程度较高的国家和经济体，小额信贷机构的利率水平较低。

（2）贷款投向行为。贷款投向行为是指小额贷款公司贷款投向和目标市场的选择，小额贷款公司的贷款对象主要是三农、小微企业和其他，本书以小额贷款公司的涉农贷款占比（farmratio，全年累计发放涉农贷款额/累计总贷款额）来衡量其投向行为，涉农贷款占比越高，说明小额贷款公司市场定位越趋于下沉。

一般来说，小额、分散的农户贷款成本较高、风险较大，而大客户贷款成本较低、风险较小。所以，个别商业化经营的小额贷款公司为了追求利润最大化而出现"嫌贫爱富""垒大户"等目标偏离现象，有些贷款流向房地产等收益高的行业，有些流向企业向银行办理还旧借新的"过桥贷款"等。区域信贷市场竞争水平可能对小额贷款公司的贷款投向产生影响，刘志友等（2012）基于56家江苏省小额贷款公司的调查数据，研究提出在金融发展水平较低的地区，金融服务供给不足，小额贷款公司可以从容挑选优质客户；而在金融发展水平较高的地区，信贷机构之间存在激烈的市场竞争，小额贷款公司难以与具有竞争优势的银行业金融机构相抗衡，导致优质客户流失。黄惠春等（2011）研究提出金融市场竞争的加剧影响了农信社的贷款对象选择，并促使农信社提高对农户的贷款发放。

2. 关键解释变量：信贷市场竞争

和第5章相同，本书选取三个指标来反映区域信贷市场竞争水平：（1）银行贷款/GDP（credit/GDP）的比例来测度，即所在县域的银行业金融机构本外币贷款余额与该县域当年地区生产总值之比。（2）每10平方公里的银行网点数量（branches/km）；（3）每万人的银行网点数量（branches/cap）。以上指标越高，表明信贷市场竞争越激烈。

3. 控制变量

参考已有文献的研究以及外生原则，在数据可获得的条件下选取了和第4章相同的控制变量，控制变量包括小额贷款公司经营特征变量和县域宏观经济变量。小额贷款公司经营特征变量包括资产规模、员工人数、资产负债率和市场份额；县域宏观经济变量包括国内生产总值、产业结构和对外贸易；为了消除可能存在的异方差问题，本书对县域国内生产总值、资产规模、员工人数等变量均进行了对数处理。同时，为了消除价格波动因素的影响，对各名义变量如小额贷款公司的资产规模、员工人数和县域国内生产总值等均以 2011 年为基期按照各县市的居民消费价格指数进行了平减处理。

6.2.2 计量模型构建

为了实证检验信贷市场竞争对小额贷款公司经营行为的影响，本书构建如下计量模型：

$$mcccond_{ijt} = \beta_0 + \beta_1 bank_{jt} + \beta_2 mccspecific_{it} + \beta_3 macro_{jt} + \mu_i + \varepsilon_{ijt} \quad (6-1)$$

其中，$mcccond_{ijt}$ 表示小额贷款公司的经营行为，包括贷款定价行为和贷款投向行为。$bank_{jt}$ 表示小额贷款公司 i 所在 j 县 t 年的信贷市场竞争变量，$mccspecific_{it}$ 是描述各家小额贷款公司 i 在 t 年经营特征的变量，$macro_{jt}$ 是为小额贷款公司 i 所在 j 县 t 年的宏观经济变量。β_i 为估计参数，μ_i 表示个体效应，ε_{ijt} 为随机扰动项。

6.2.3 数据描述性统计

本章的样本选择和数据来源与第四章相同，选择山东省 2011 ~ 2016 年 87 个县（县级市）199 家小额贷款公司为样本，模型中变量的说明和数据的描述性统计如表 6 - 1 所示。从表 6 - 1 可以看出，在贷款利率方面，样本小额贷款公司的年平均贷款利率为 13.7%，年平均贷款利率最大值为 24%，最小值为 4%，最高利率水平是最低利率水平的 6 倍，说明样本小额贷款公司的利率水平存在较大的差异，同时也说明了小额贷款公司贷款利率定价相对比较灵活。在涉农贷款占比方面，样本小额贷款公司的涉农贷款额占全部贷款额的比例平均为 66.7%，最大值为 1，最小值为 0，说明小额贷款公司的涉农贷款占比存在明显的差异。

表 6 - 1 变量说明和描述性统计

变量名称	变量符号	衡量指标与计算方法	均值	标准差	最大值	最小值	观测值
小额贷款公司经营行为变量							
贷款定价行为	interestrate	全年发放贷款的累计平均利率	0.137	0.042	0.240	0.040	934

续表

变量名称	变量符号	衡量指标与计算方法	均值	标准差	最大值	最小值	观测值
小额贷款公司经营行为变量							
贷款投向行为	farmratio	全年累计发放涉农贷款额/累计总贷款额	0.667	0.285	1	0	934
信贷市场竞争变量							
	credit/GDP	金融机构本外币贷款余额/GDP	0.595	0.220	1.345	0.232	934
	branches/km	个/10平方公里，每10平方公里银行网点数量	0.706	0.312	2.200	0.142	934
	branches/cap	个/万人，每万人银行网点数量	1.323	0.567	3.562	0.406	934
公司经营特征变量							
资产规模	asset	万元，总资产	13859.68	7842.996	80463.7	1859	934
员工人数	employee	人，高管人数+普通员工人数	11.773	4.626	36	4	934
资产负债率	DAR	年末负债总额/资产总额	0.061	0.107	0.779	0	934
市场份额	MS	全年累计发放贷款额/所在县市所有小贷公司累计贷款额	0.501	0.360	1	0.0003	934
县域宏观经济变量							
国内生产总值	GDP	亿元，实际国内生产总值	434.01	256.44	1053.69	85.62	934
产业结构	industry	第一产业增加值/GDP	0.111	0.049	0.563	0.035	934
对外贸易	trade	进出口总额/GDP	0.208	0.217	1.418	0.004	934

注：本表中变量（asset、employee、GDP）未取自然对数。

为了更好地掌握变量随时间变化的特征，本书又按照年份对样本小额贷款公司经营行为变量进行了描述性统计（主要展示了均值和标准差）。从表6-2的分年度统计结果可以看出，在贷款利率方面，样本小额贷款公司的年平均利率随时间变化呈现逐步下降的趋势，由2011年15.5%降低到2016年的10.9%。目前，我国银行业金融机构的6个月贷款基准利率为4.35%，一年贷款基准利率为4.75%，1~5年贷款基准利率为4.9%。当前，我国利率市场化已经基本完成，已经取消对贷款和存款利率的管制，银行业金融机构拥有利率的自主定价权。

表6-2　　　　　　　　　　　　　　　　主要变量的分年度统计

变量	2011年	2012年	2013年	2014年	2015年	2016年
rate	0.155 (0.040)	0.156 (0.035)	0.147 (0.037)	0.143 (0.038)	0.127 (0.041)	0.109 (0.040)
farmratio	0.573 (0.267)	0.580 (0.244)	0.696 (0.278)	0.701 (0.270)	0.703 (0.288)	0.681 (0.321)
观测值	95	135	168	187	183	166

注：（ ）内为标准差。

据Wind数据库数据显示，2011~2016年我国银行业金融机构的人民币贷款加权平均利率分别为7.57%、7.11%、6.95%、6.97%、5.89%、5.26%，由此可见，银行业金融机构的人民币贷款利率也随时间变化而呈逐渐下降的趋势，可见样本小额贷款公司的贷款利率水平的变化趋势与银行业金融机构一致，都随着时间变化趋于下降，同时样本小额贷款公司的贷款利率水平远高于银行业金融机构的贷款利率水平（见图6-1）。在涉农贷款占比方面，样本小额贷款公司整体上呈上升的趋势，2011年涉农贷款占比为57.3%，2015年达到70.3%的历史最高水平，但是2016年略有下降，为68.1%。

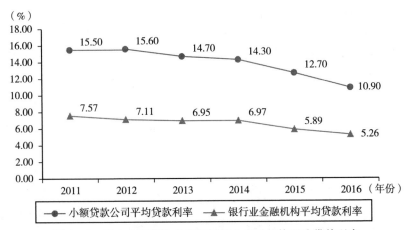

图6-1　样本小额贷款公司与银行业金融机构平均贷款利率

资料来源：山东省金融工作办公室统计数据与Wind数据库。

6.3 实证结果分析

6.3.1 信贷市场竞争与小额贷款公司贷款定价行为

本书采用 Stata14.0 软件对模型（6－1）进行回归，被解释变量分别为小额贷款公司的贷款利率（interestrate），实证检验信贷市场竞争对小额贷款公司贷款定价的影响。面板设定的 F 检验结果表明个体效应十分显著，固定效应模型优于混合回归。同时，Hausman 检验拒绝了随机效应估计有效的原假设，表明选择固定效应模型更适合。本书采用个体固定效应模型对各参数进行估计，基本回归结果如表 6－3 所示。

表 6－3　　　　信贷市场竞争与小贷公司贷款定价行为的回归结果

变量	interestrate		
	(1)	(2)	(3)
	FE	FE	FE
credit/GDP	-0.084^{***} (0.014)		
branches/km		-0.022^{*} (0.016)	
branches/cap			-0.013^{*} (0.009)
lnasset	0.003 (0.005)	-0.001 (0.005)	-0.001 (0.005)
lnemployee	0.015^{***} (0.004)	0.015^{***} (0.004)	0.015^{***} (0.004)
DAR	-0.012 (0.013)	0.001 (0.013)	0.001 (0.013)
MS	-0.017^{***} (0.006)	-0.017^{***} (0.006)	-0.017^{***} (0.006)

续表

变量	interestrate		
	（1）	（2）	（3）
	FE	FE	FE
lnGDP	−0. 111 *** （0. 012）	−0. 133 *** （0. 012）	−0. 132 *** （0. 012）
industry	0. 051 （0. 058）	0. 044 （0. 060）	0. 045 （0. 060）
trade	−0. 013 ** （0. 005）	−0. 012 ** （0. 005）	−0. 012 ** （0. 005）
Constant	0. 783 *** （0. 073）	0. 914 *** （0. 072）	0. 910 *** （0. 072）
R-squared	0. 270	0. 233	0. 233
面板设定 F 检验	7. 99 ［0. 0000］	7. 49 ［0. 0000］	7. 07 ［0. 0000］
Hausman 检验	139. 83 ［0. 0000］	147. 83 ［0. 0000］	143. 09 ［0. 0000］
Observations	934	934	934
Number of company	199	199	199

注：（1） （ ） 内数值为标准误，［ ］ 内数值为 P 值。（2） *、**、*** 分别表示在 10%、5% 和 1% 的显著水平上显著。（3） 面板设定 F 检验的原假设是个体效应不显著，若拒绝原假设，则说明应使用面板回归方法而非混合回归；Hausman 检验的原假设是随机效应模型有效，若拒绝原假设，则应使用固定效应模型。

如表 6 - 3 的回归结果所示，信贷市场竞争对小额贷款公司贷款利率（interestrate）的影响系数显著为负，表明信贷市场竞争对小额贷款公司的贷款利率存在显著的负向影响。在信贷市场竞争越激烈的县域，小额贷款公司的贷款利率越低；而在信贷市场竞争越不激烈的县域，小额贷款公司的贷款利率越高。这可能是因为，在信贷市场竞争比较激烈的县域，小额贷款公司在贷款定价上处于劣势，倾向于通过降低贷款利率来吸引客户提高竞争力。而在信贷市场竞争不激烈的县域，小额贷款公司在贷款定价上拥有一定的话语权，贷款利率水平较高，以获取较高的利息收入。

在控制变量方面，就小额贷款公司经营特征控制变量而言，小额贷款公司的员工数量（lnemployee）和贷款利率显著正相关，表明员工数量越多的小额贷款公司，由于员工工资支出等经营费用较高，其贷款利率也较高。同时，小额贷款公司的市场份额（MS）和贷款利率显著负相关，表明小额贷款公司的市场份额越高，其贷款利率越低。这在一定程度上说明降低贷款利率，有利于小额贷款公司市场份额的提高。

同时，在县域宏观经济控制变量方面，国内生产总值（lnGDP）和对外贸易（trade）对小额贷款公司贷款利率的影响系数均在 1% 的显著水平上为负，说明国内生产总值和对外贸易均对小额贷款公司的贷款利率存在显著的负向影响。表明在国内生产总值越高和对外贸易越开放的县域，小额贷款公司的贷款利率越低；而在国内生产总值越低和对外贸易越封闭的县域，小额贷款公司的贷款利率越高。这可能是因为在经济发展和对外贸易水平越高的县域，实体经济活跃，从事出口制造等大中型企业较多，比较容易满足银行业金融机构的信贷条件，因而对小额贷款公司的信贷需求不高，导致小额贷款公司为了增强竞争力和客户吸引力而降低利率水平。

6.3.2 信贷市场竞争与小额贷款公司贷款投向行为

本书采用 Stata14.0 软件对模型（6 - 1）进行回归，被解释变量为小额贷款公司的涉农贷款占比（farmratio），实证检验信贷市场竞争对小额贷款公司贷款投向的影响。在进行多元回归分析前，本书首先对计量模型适用的回归方法进行判别。面板设定的 F 检验和 Hausman 检验的结果显示，在混合 OLS 回归模型、固定效应模型和随机效应模型中，固定效应模型更适合本研究的回归法分析。因此，采用个体固定效应模型对各参数进行估计，基本回归结果如表 6 - 4 所示。

表 6 - 4　　　信贷市场竞争与小贷公司贷款投向行为的回归结果

变量	farmratio		
	(1)	(2)	(3)
	FE	FE	FE
credit/GDP	0.286 ** (0.125)		

变量	farmratio		
	（1）	（2）	（3）
	FE	FE	FE
branches/km		0. 105 （0. 144）	
branches/cap			0. 159 * （0. 082）
lnasset	0. 094 * （0. 050）	0. 112 ** （0. 050）	0. 101 ** （0. 050）
lnemployee	− 0. 014 （0. 038）	− 0. 007 （0. 038）	− 0. 015 （0. 038）
DAR	− 0. 053 （0. 122）	− 0. 106 （0. 121）	− 0. 083 （0. 121）
MS	− 0. 148 *** （0. 053）	− 0. 151 *** （0. 053）	− 0. 149 *** （0. 053）
lnGDP	0. 401 *** （0. 110）	0. 511 *** （0. 107）	0. 427 *** （0. 108）
industry	0. 242 （0. 540）	0. 274 （0. 542）	0. 238 （0. 541）
trade	0. 008 （0. 045）	0. 011 （0. 045）	− 0. 003 （0. 045）
Constant	− 2. 667 *** （0. 676）	− 3. 251 *** （0. 651）	− 2. 915 *** （0. 654）
R-squared	0. 088	0. 082	0. 086
面板设定 F 检验	3. 68 ［0. 0000］	3. 66 ［0. 0000］	3. 79 ［0. 0000］
Hausman 检验	49. 39 ［0. 0000］	51. 99 ［0. 0000］	56. 59 ［0. 0000］

变量	farmratio		
	(1)	(2)	(3)
	FE	FE	FE
Observations	934	934	934
Number of company	199	199	199

注：（1）（）内数值为标准误，［］内数值为 P 值。（2）﹡、﹡﹡、﹡﹡﹡ 分别表示在 10%、5% 和 1% 的显著水平上显著。（3）面板设定 F 检验的原假设是个体效应不显著，若拒绝原假设，则说明应使用面板回归方法而非混合回归；Hausman 检验的原假设是随机效应模型有效，若拒绝原假设，则应使用固定效应模型。

表 6 – 4 的回归结果可见，信贷市场竞争变量（credit/GDP、branches/cap、branches/km）对小额贷款公司的涉农贷款占比（farmratio）的影响系数均为正，并且 credit/GDP 变量和 branches/cap 变量对小额贷款公司的涉农贷款占比（farmratio）的影响系数分别在 5% 和 10% 的显著水平上显著，表明总体上信贷市场竞争对小额贷款公司的涉农贷款占比存在显著的正向影响。在信贷市场竞争越激烈的县域，小额贷款公司的涉农贷款占比越高；而在信贷市场竞争越不激烈的县域，小额贷款公司的涉农贷款占比越低。

这可能是由于，在信贷市场竞争水平较高的县域，大部分客户都已经获得银行业金融机构的信贷服务，因而对小额贷款公司的需求较低，小额贷款公司的客户选择权受限，于是转而向较难获得银行业金融机构贷款的贫困农户提供信贷服务、市场定位越发倾向于下沉。同时，在信贷市场竞争水平较低的县域，由于大量的资金需求未得到满足，小额贷款公司的潜在客户群体较大，具有一定的客户选择权，则小额贷款公司倾向于向风险较低的富裕大客户提供贷款。

6.3.3　子样本回归结果分析

1. 按经营时间子样本回归结果

自 2008 年山东省进行小额贷款公司试点以来，小额贷款公司在山东省发展迅速。但是，小额贷款公司在经营时间上存在较大的差异，有的小额贷款公司成立较早、经营时间较长，而有的小额贷款公司成立较晚、经营时间较短。经营时间长短可能是影响小额贷款公司经营绩效的重要因素，因此本书进一步将小额贷款公司按照经营时间进行分组，分成 2012 年前（含 2012 年）成立、经营时间在 5 年以上的小额贷款公司和 2012 年后成立、经营时间在 5 年以下的小额贷款公司两组子样本进行分析，考察信贷市场竞争对经营时间长短不同的小额贷款公司经营绩效的异质性影响，按经营时间子样本回归结果如表 6 - 5 所示。

表 6 - 5 　　　　　　　　　　　按经营时间子样本回归结果

变量	interestrate	farmratio	interestrate	farmratio
	2012 年前成立		2012 年后成立	
	(1)	(2)	(3)	(4)
credit/GDP	-0.083 *** (0.014)	0.473 *** (0.135)	-0.095 ** (0.040)	1.167 (0.336)
lnasset	0.003 (0.006)	0.094 * (0.052)	-0.004 (0.028)	0.306 (0.235)
lnemployee	0.012 ** (0.005)	0.003 (0.045)	0.022 *** (0.008)	-0.035 (0.066)
DAR	-0.013 (0.014)	0.028 (0.129)	0.053 (0.064)	-1.115 ** (0.543)
MS	-0.020 *** (0.006)	-0.143 ** (0.060)	-0.001 (0.013)	-0.254 ** (0.106)
lnGDP	-0.106 *** (0.013)	0.314 *** (0.117)	-0.185 *** (0.061)	1.012 * (0.518)
industry	0.037 (0.059)	0.279 (0.551)	0.349 (0.547)	-4.459 (4.644)
trade	-0.011 ** (0.005)	0.027 (0.051)	-0.016 (0.011)	-0.089 (0.099)
Constant	0.763 *** (0.075)	-2.302 *** (0.704)	1.261 *** (0.431)	-6.996 * (3.661)
R-squared	0.272	0.104	0.334	0.208
Observations	781	781	153	153
Number of company	164	164	35	35

注：(1) ( ) 内数值为标准误，[ ] 内数值为 P 值。(2) * 、** 、*** 分别表示在10%、5%和1%的显著水平上显著。(3) 为节省篇幅，只汇报了关键解释变量金融发展深度（credit/GDP）的影响结果。

经营时间子样本回归结果显示，2012 年前（含 2012 年）成立的、经营时间在 5 年以上或者说较老的小额贷款公司回归结果与全样本的回归结果一致，信贷市场竞争（credit/GDP）对小额贷款公司贷款利率（interestrate）具有显著的负向影响，并且信贷市场竞争（credit/GDP）对小额贷款公司涉农贷款比例（farmratio）具有显著的正向影响。同时，2012 年后成立的、经营时间在 5 年以下或者说较新的小额贷款公司的回归结果与全样本的回归结果存在着一定的差异，信贷市场竞争（credit/GDP）对小额贷款公司贷款利率（interestrate）具有显著的负向影响，但是信贷市场竞争（credit/GDP）与小额贷款公司涉农贷款比例（farmratio）的影响系数为正、但不显著，这可能是由于 2012 年后成立的小额贷款公司的经营时间较短，信贷市场竞争对其涉农贷款比例的影响可能还未展现出来，影响存在一定的滞后且相对较弱。这也在一定程度上说明，随着小额贷款公司经营时间的增加、经营逐渐趋于成熟，其涉农贷款比例逐渐提高、支农效应逐渐凸显。

2. 按经营区域子样本回归结果

由于地理位置、自然资源、人文环境等因素的影响，山东省各县域的经济发展水平存在很大的区域差异。据统计数据显示，在山东省 17 个地市的国民生产总值排名中，青岛、烟台和济南位居前列，是引领山东省经济发展的"领头雁"。2017 年山东省提出建设济青烟国家科技成果转移转化示范区，济南、青岛和烟台成为山东省新旧动能转换的"三核"。所以本书将小额贷款公司的总样本分成设立在济青烟区县域的小额贷款公司和非设立在济青烟区县域的小额贷款公司两组子样本，考察信贷市场竞争对设立在不同经济发展水平县域的小额贷款公司经营绩效的异质性影响。分区域子样本回归结果如表 6 - 6 所示。

表 6 - 6　　　　　　　　　按经营区域子样本回归结果

变量	interestrate	farmratio	interestrate	farmratio
	非济青烟区		济青烟区	
	(1)	(2)	(3)	(4)
credit/GDP	-0.086 *** (0.014)	0.309 ** (0.134)	-0.118 ** (0.048)	0.321 (0.446)

续表

变量	interestrate	farmratio	interestrate	farmratio
	非济青烟区		济青烟区	
	(1)	(2)	(3)	(4)
lnasset	0.002 (0.006)	0.111 ** (0.054)	-0.002 (0.016)	-0.012 (0.149)
lnemployee	0.015 *** (0.005)	-0.034 (0.042)	0.014 (0.010)	0.0473 (0.091)
DAR	-0.007 (0.014)	-0.107 (0.134)	-0.023 (0.034)	0.317 (0.318)
MS	-0.019 *** (0.007)	-0.194 *** (0.062)	-0.014 (0.012)	-0.038 (0.110)
lnGDP	-0.100 *** (0.013)	0.419 *** (0.120)	-0.085 * (0.051)	0.328 (0.475)
industry	0.033 (0.059)	0.271 (0.554)	0.943 ** (0.463)	-1.201 (4.339)
trade	-0.014 *** (0.005)	0.002 (0.046)	0.059 (0.134)	0.620 (1.253)
Constant	0.724 *** (0.077)	-2.813 *** (0.715)	0.641 * (0.359)	-1.767 (3.360)
R-squared	0.259	0.106	0.411	0.036
Observations	781	781	153	153
Number of company	164	164	35	35

注：（1）（ ）内数值为标准误。（2）＊、＊＊、＊＊＊分别表示在10%、5%和1%的显著水平上显著。（3）为节省篇幅，只汇报了关键解释变量金融发展深度（credit/GDP）的回归结果。

如表6-6的回归结果所示，设立在非济青烟区的小额贷款公司的回归结果和全样本的回归结果一致。信贷市场竞争（credit/GDP）对小额贷款公司贷款利率（interestrate）具有显著的负向影响，并且信贷市场竞争（credit/GDP）对小额贷款公司涉农贷款比例（farmratio）具有显著的正向影响。同时，设立在济青烟区的小额贷款公司的回归结果和全样本的回归结果存在着一定差异，信贷市场竞争（credit/GDP）对小额贷款公司贷款

·117·

利率（interestrate）具有显著的负向影响，但是信贷市场竞争（credit/GDP）对小额贷款公司涉农贷款比例（farmratio）的影响系数为正，但并不显著。这说明信贷市场竞争对设立在济青烟经济较发达县域的小额贷款公司涉农贷款比例的影响相对较弱，这可能是由于当地的经济比较发达，小额贷款公司市场份额占比较低，反应相对平淡滞后。

综上所述，基于山东省 87 个县（县级市）199 家小额贷款公司的 2011～2016 年的面板数据，实证检验了信贷市场竞争对小额贷款公司经营行为的影响，以剖析信贷市场竞争对小额贷款公司经营绩效的影响机理。实证结果表明：第一，信贷市场竞争和小额贷款公司的贷款利率显著负相关，表明在信贷市场竞争程度越低的县域，小额贷款公司的贷款利率越高；而在信贷市场竞争程度越高的县域，小额贷款公司的贷款利率越低。第二，信贷市场竞争对小额贷款公司的涉农贷款占比具有显著的正向影响，表明在信贷市场竞争程度越低的县域，小额贷款公司的涉农贷款占比越低；而在信贷市场竞争程度越高的县域，小额贷款公司的涉农贷款占比越高。

小额贷款公司的贷款定价和贷款投放与其经营绩效紧密相连，所以本书认为信贷市场竞争通过影响小额贷款公司的贷款定价行为和贷款投放行为，而最终将作用于小额贷款公司的财务绩效和社会绩效（见图 6-2）。第一，在信贷市场竞争程度高的县域，为了增强对客户的吸引力，小额贷款公司降低贷款利率，减少了贷款利息收入，而利息收入是小额贷款公司的主要收入来源，从而缩减经营利润，降低了财务绩效。而在信贷市场竞争程度低的县域，小额贷款公司在贷款利率方面有一定话语权，贷款利率较高，增加经营利润提升了财务绩效。第二，在信贷市场竞争水平越高的县域，小额贷款公司的客户选择范围有限，因而市场定位下沉，增加对贫困农户的贷款投放，从而使得小额贷款公司的户均贷款额度/当地人均GDP 下降，社会绩效提高；而在信贷市场竞争水平较低的县域，小额贷款公司的客户选择范围较大，因而降低对贫困农户的贷款投放，从而使得小额贷款公司的户均贷款额度/当地人均 GDP 上升，社会绩效下降。为了实证检验小额贷款公司经营行为是否在信贷市场竞争影响小额贷款公司经营绩效中发挥中介效应，本书进一步采用中介效应检验方法进行实证检验。

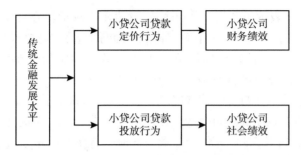

图 6 – 2　信贷市场竞争对小额贷款公司经营绩效的影响路径

6.4　小额贷款公司经营行为的中介效应检验

6.4.1　中介效应检验方法

为了进一步检验信贷市场竞争影响小额贷款公司经营绩效的内在机理，运用中介效应检验方法对小额贷款公司经营行为在信贷市场竞争影响小额贷款公司经营绩效中发挥的中介效应进行实证检验。

中介效应（mediator effect）是来自统计学中的一个概念，是指变量 X 与变量 Y 之间不是直接的因果关系，而是 X 通过一个或一个以上的中介变量（M）间接影响 Y，把 X 通过 M 对 Y 产生的间接影响叫做中介效应。中介效应最早运用于心理学研究，近年来随着中介效应检验方法的成熟，逐渐被引入到经济学研究领域中来（陈东和刘金东，2013；任曙明和张静，2013；谢子远和张海波，2014；甄红线等，2015；钱雪松等，2015；徐寿福和徐龙炳，2015；李颖和高建刚，2016）。本书在参考巴伦和肯尼（Baron and Kenny，1986）、温忠麟等（2004）提出的中介效应检验方法的基础之上，建立如下中介效应模型，实证检验小额贷款公司经营行为在信贷市场竞争影响小额贷款公司经营绩效中发挥的中介效应。

$$mccperf_{ijt} = \alpha_0 + \alpha bank_{jt} + \alpha_2 mccspecific_{it} + \alpha_3 macro_{jt} + \mu_i + \varepsilon_{ijt} \quad (6-2)$$

$$mcccond_{ijt} = \beta_0 + \beta bank_{jt} + \beta_2 mccspecific_{it} + \beta_3 macro_{jt} + \mu_i + \varepsilon_{ijt} \quad (6-3)$$

$$mccperf_{ijt} = \gamma_0 + \alpha' bank_{jt} + \gamma mcccond_{ijt} + \gamma_3 mccspecific_{it} + \gamma_4 macro_{jt} + \mu_i + \varepsilon_{ijt}$$

$$(6-4)$$

模型中，i 表示小额贷款公司个体，j 表示小额贷款公司设立所在的县域，t 表示年份。$mccperf_{ijt}$（小额贷款公司经营绩效）为中介效应检验的被解释变量，$bank_{jt}$（信贷市场竞争）为中介效应检验的解释变量，$mcccond_{ijt}$（小额贷款公司经营行为）为中介效应检验的中介变量。$mccspecific_{it}$ 代表小额贷款公司 i 自身经营状况的控制变量，$macro_{jt}$ 代表小额贷款公司 i 所在县域 j 的宏观经济控制变量。μ_i 表示个体效应，ε_{ijt} 为随机扰动项，β_i、α_i、$\gamma_i (i = 0, 1, 2, 3)$ 为估计参数。同时，将所有变量通过了中心化处理（即将数据减去样本均值，中心化数据的均值为 0），并将中心化处理过的变量用 "$c\_$变量" 来进行表示。

中介效应检验用于评估，在解释变量（信贷市场竞争）对被解释变量（小额贷款公司经营绩效）的影响中，中介变量（小额贷款公司经营行为）是否发挥了显著的中介传导效应。结合本书所研究的问题，中介模型示意图如图 6-3 所示。其中，式（6-2）中的 α 度量信贷市场竞争影响小额贷款公司经营绩效的总效应，式（6-3）中的 β 度量信贷市场竞争对小额贷款公司经营行为的影响效应，式（6-4）中的 γ 度量小额贷款公司经营行为对经营绩效的影响效应，而式（6-4）中的 α' 是包含小额贷款公司经营行为这个中介变量后，信贷市场竞争对小额贷款公司经营绩效的直接影响效应。中介效应为间接效应，等于系数乘积 $\beta\gamma$，它与总效应和直接效应有以下关系：$\alpha = \alpha' + \beta\gamma$，中介效应的大小可以用 $\beta \times \gamma = \alpha - \alpha'$ 来衡量。温忠麟等（2004）提出了中介效应的检验程序（见图 6-4），本书按照这一检验程序逐步检验模型（6-2）、（6-3）和（6-4）的回归系数。同时结合 Sobel 检验[①]，Sobel 检验的统计量 $Z = \hat{\beta}\hat{\gamma}/S_{\beta\gamma}$（$\hat{\beta}$、$\hat{\gamma}$ 分别为系数 β 和 γ 的估计值，$S_{\beta\gamma} = \sqrt{\hat{\beta}^2 S_\gamma^2 + \hat{\gamma}^2 S_\beta^2}$，$S_\beta$ 和 S_γ 分别是 $\hat{\beta}$ 和 $\hat{\gamma}$ 的标准误），可以用来度量中介效应的显著性，将计算得到的 z 值与相应的临界值进行比较，如果 $|z|$ 大于临界值，则说明存在显著的中介效应；如果 $|z|$ 小于临界值，则说明不存在显著的中介效应[②]。

[①] Sobel 检验就是系数乘积检验，即检验系数 $\beta\gamma$ 是否显著，此程序常使用 Sobel（1982）提出的标准误计算公式，因此称作 Sobel 检验。

[②] 麦金龙等（Macinnon et al., 2002）提出，"中介效应检验中 z 值在 5% 显著性水平上的临界值为 0.97，而不是通常的 1.96"。

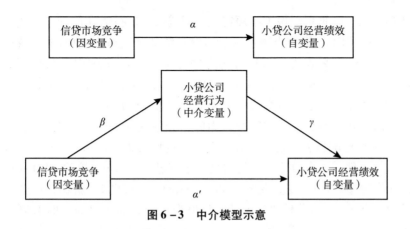

图 6 – 3　中介模型示意

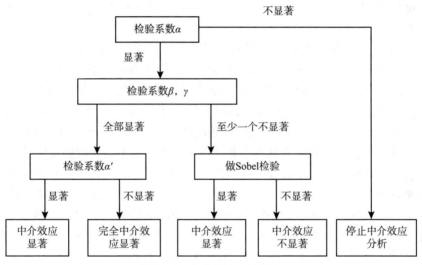

图 6 – 4　中介效应检验程序

6.4.2　中介效应检验结果

1. 贷款定价行为的中介效应检验结果

表 6 – 7 和表 6 – 8 分别汇报了小额贷款公司贷款定价行为在信贷市场竞争影响小额贷款公司财务绩效（ROA 和 ROE）中的中介效应检验结果。其中表 6 – 7 汇报了小额贷款公司的贷款定价行为（c_rate）在信贷市场竞争影响小额贷款公司财务绩效（c_roa）中的中介效应检验结果。表 6 – 7

中的第Ⅰ列—第Ⅲ列汇报了小额贷款公司贷款定价行为在信贷市场竞争变量（c_creditGDP）影响小额贷款公司财务绩效（c_roa）中的中介效应检验结果。检验结果表明，信贷市场竞争变量（c_creditGDP）对小额贷款公司财务绩效（c_roa）的影响系数为负，并在1%的显著水平上显著，表明信贷市场竞争对小额贷款公司财务绩效的总效应显著。

同时，在小额贷款公司定价行为的中介效应检验中，系数 β，γ 均显著，并且系数 α' 显著，说明小额贷款公司定价行为（c_rate）的中介效应显著，具有部分中介效应。稳健起见，本书进行了 Sobel 检验，Sobel 检验中的 z 值为 -4.063。麦金龙等（Macinnon et al.，2002）提出，中介效应检验中 z 值在5%显著性水平上的临界值为0.97，而不是通常的1.96，所以小额贷款公司定价行为（c_rate）的中介效应显著，该中介效应为 $0.084 \times 0.668 = 0.0561$，中介效应在总效应中所占比例为 0.0561/0.161 = 34.85%。

表6-7中的第Ⅳ列~第Ⅵ列汇报了小额贷款公司定价行为（c_rate）在信贷市场竞争变量（c_branches/km）影响小额贷款公司财务绩效（c_roa）中的中介效应检验结果。由检验结果可见，信贷市场竞争变量（c_branches/km）对小额贷款公司财务绩效（c_roa）产生的总效应为负，并在5%的显著水平上显著，说明信贷市场竞争变量（c_branches/km）对小额贷款公司的财务绩效具有显著的负向影响。在小额贷款公司定价行为的中介效应检验中，系数 β，γ 均显著，并且系数 α' 显著，说明小额贷款公司贷款定价行为（c_rate）的中介效应显著，具有部分中介效应。稳健起见，本书进行了 Sobel 检验，Sobel 检验中的 z 值为 -1.342，z 值在5%显著性水平上的临界值为0.97，所以小额贷款公司定价行为（c_rate）的中介效应显著，该中介效应为 $0.022 \times 0.724 = 0.016$，中介效应在总效应中所占比例为 0.016/0.081 = 19.75%。

表6-7中的第Ⅶ列~第Ⅸ列汇报了小额贷款公司定价行为（c_rate）在信贷市场竞争变量（c_branches/cap）影响小额贷款公司财务绩效（c_roa）中的中介效应检验结果。由检验结果可见，信贷市场竞争变量（c_branches/cap）对小额贷款公司财务绩效（c_roa）产生的总效应为负，并在10%的显著水平上显著，说明信贷市场竞争变量（c_branches/cap）对小额贷款公司的财务绩效具有显著的负向影响。在小额贷款公司定价行为的中介效应检验中，系数 β，γ 均显著，并且系数 α' 显著，说明小额贷款公司贷款定价行为（c_rate）的中介效应显著，具有部分中介效应。

表 6-7　　　　　小额贷款公司贷款定价行为的中介效应检验结果（ROA）

变量	I c_roa	II c_rate	III c_roa	IV c_roa	V c_rate	VI c_roa	VII c_roa	VIII c_rate	IX c_roa
c_credit/GDP	-0.161*** (0.045)	-0.084*** (0.014)	-0.105** (0.045)						
c_branches/km				-0.081** (0.052)	-0.022* (0.016)	-0.065* (0.051)			
c_branches/cap							-0.017* (0.029)	-0.013* (0.009)	-0.008* (0.029)
c_rate			0.668*** (0.121)			0.724*** (0.118)			0.730*** (0.118)
c_lnasset	0.096*** (0.018)	0.003 (0.005)	0.094*** (0.018)	0.091*** (0.018)	-0.001 (0.005)	0.091*** (0.018)	0.089*** (0.018)	-0.001 (0.005)	0.090*** (0.017)
c_lnemployee	0.026* (0.014)	0.015*** (0.004)	0.016 (0.013)	0.025* (0.014)	0.015*** (0.004)	0.015 (0.013)	0.024* (0.014)	0.015*** (0.004)	0.014 (0.013)
c_DAR	-0.143** (0.044)	-0.012 (0.013)	-0.135*** (0.043)	-0.119*** (0.043)	0.001 (0.013)	-0.120*** (0.042)	-0.117*** (0.044)	0.001 (0.013)	-0.118*** (0.042)
c_MS	-0.011 (0.019)	-0.017*** (0.006)	0.001 (0.019)	-0.011 (0.019)	-0.017*** (0.006)	0.001 (0.019)	-0.010 (0.019)	-0.017*** (0.006)	0.002 (0.019)

续表

变量	c_roa I	c_rate II	c_roa III	c_roa IV	c_rate V	c_roa VI	c_roa VII	c_rate VIII	c_roa IX
c_lnGDP	-0.146*** (0.039)	-0.111*** (0.012)	-0.072* (0.041)	-0.182*** (0.038)	-0.133*** (0.012)	-0.085** (-0.041)	-0.190*** (0.039)	-0.132*** (0.012)	-0.094** (0.041)
c_industry	0.067 (0.193)	0.051 (0.058)	0.034 (0.189)	0.056 (0.194)	0.044 (0.060)	0.024 (-0.189)	0.056 (0.194)	0.045 (0.060)	0.023 (0.190)
c_trade	-0.015 (0.016)	-0.013** (0.005)	-0.007 (0.016)	-0.015 (0.016)	-0.012** (0.005)	-0.006 (0.016)	-0.015 (0.016)	-0.012** (0.005)	-0.006 (0.016)
R-squared	0.086	0.270	0.123	0.073	0.233	0.119	0.070	0.233	0.117
Observations	934	934	934	934	934	934	934	934	934
Number of company	199	199	199	199	199	199	199	199	199
Sobel检验（Z值）		4.063			1.342			1.407	
中介效应		中介效应=0.0561 中介效应/总效应=34.85%			中介效应=0.016 中介效应/总效应=19.75%			中介效应=0.009 中介效应/总效应=52.94%	

注：(1) () 内数值为标准误。(2) *、**、*** 分别表示在10%、5%和1%的显著水平上显著。(3) Z值和中介效应的数据是绝对值。

表6-8 小额贷款公司贷款定价行为的中介效应检验结果 (ROE)

变量	c_roe I	c_rate II	c_roe III	c_roe IV	c_rate V	c_roe VI	c_roe VII	c_rate VIII	c_roe IX
c_credit/GDP	-0.165*** (0.048)	-0.084*** (0.014)	-0.105** (0.048)						
c_branches/km				-0.088* (0.055)	-0.022* (0.016)	-0.071* (0.054)			
c_branches/cap							-0.020* (0.032)	-0.013* (0.009)	-0.010* (0.031)
c_rate			0.720*** (0.129)			0.775*** (0.126)			0.782*** (0.126)
c_lnasset	0.082*** (0.019)	0.003 (0.005)	0.080*** (0.019)	0.077*** (0.019)	-0.001 (0.005)	0.077*** (0.019)	0.075*** (0.019)	-0.001 (0.005)	0.075*** (0.019)
c_lnemployee	0.030** (0.015)	0.015*** (0.004)	0.019 (0.014)	0.029** (0.015)	0.015*** (0.004)	0.018 (0.014)	0.028* (0.015)	0.015*** (0.004)	0.017 (0.014)
c_DAR	-0.037 (0.047)	-0.012 (0.013)	-0.028 (0.046)	-0.013 (0.046)	0.001 (0.013)	-0.014 (0.045)	-0.011 (0.047)	0.001 (0.013)	-0.012 (0.045)
c_MS	-0.009 (0.020)	-0.017*** (0.006)	0.003 (0.020)	-0.010 (0.020)	-0.017*** (0.006)	0.004 (0.020)	-0.009 (0.020)	-0.017*** (0.006)	0.005 (0.020)

续表

变量	c_roe I	c_rate II	c_roe III	c_roe IV	c_rate V	c_roe VI	c_roe VII	c_rate VIII	c_roe IX
c_lnGDP	-0.154*** (0.042)	-0.111*** (0.012)	-0.074* (0.044)	-0.189*** (0.041)	-0.133*** (0.012)	-0.086** (0.043)	-0.197*** (0.042)	-0.132*** (0.012)	-0.094** (0.044)
c_industry	0.082 (0.206)	0.051 (0.058)	0.046 (0.202)	0.071 (0.208)	0.044 (0.060)	0.037 (0.203)	0.071 (0.208)	0.045 (0.060)	0.035 (0.203)
c_trade	-0.019 (0.017)	-0.013** (0.005)	-0.010 (0.017)	-0.018 (0.017)	-0.012** (0.005)	-0.008 (0.017)	-0.018 (0.018)	-0.012** (0.005)	-0.009 (0.017)
				0.438* (0.250)					
R-squared	0.086	0.270	0.124	0.074	0.233	0.120	0.072	0.233	0.118
Observations	934	934	934	934	934	934	934	934	934
Number of company	199	199	199	199	199	199	199	199	199
Sobel 检验（Z值）		4.087			1.342			1.407	
中介效应	中介效应=0.060 中介效应/总效应=36.36%				中介效应=0.017 中介效应/总效应=19.32%			中介效应=0.010 中介效应/总效应=50%	

注：(1)（）内数值为标准误。(2)*、**、***分别表示在10%、5%和1%的显著水平上显著。(3) Z值和中介效应的数据是绝对值。

稳健起见，本书进行了 Sobel 检验，Sobel 检验中的 z 值为 −1.407，z 值在 5% 显著性水平上的临界值为 0.97，所以小额贷款公司定价行为（c_rate）的中介效应显著，该中介效应为 0.013 × 0.730 = 0.009，总效应中所占比例为 0.009/0.017 = 52.94%。

表 6 – 8 汇报了小额贷款公司的贷款定价行为（c_rate）在信贷市场竞争影响小额贷款公司财务绩效（c_roe）中的中介效应检验结果，检验结果表明小额贷款公司的贷款定价行为在信贷市场竞争影响小额贷款公司财务绩效（c_roe）也具有显著的中介效应。

综上所述，小额贷款公司的贷款定价行为在信贷市场竞争影响小额贷款公司财务绩效中具有显著的中介效应，信贷市场竞争通过影响小额贷款公司的贷款定价行为，进而影响小额贷款公司的财务绩效。具体而言，信贷市场竞争使小额贷款公司下调贷款利率，继而贷款利率的下调则使其财务绩效下降。

2. 贷款投放行为的中介效应检验结果

表 6 – 9 汇报了小额贷款公司的贷款投放行为（c_farmratio）在信贷市场竞争影响小额贷款公司社会绩效（c_lnavgloan/GDPcap）中的中介效应检验结果。表 6 – 9 中的第 I 列 ~ 第Ⅲ列汇报了小额贷款公司贷款投放行为（c_farmratio）在信贷市场竞争变量（c_creditGDP）影响小额贷款公司户均贷款额度/当地人均（c_lnavgloan/GDPcap）中的中介效应检验结果，由检验结果可见，信贷市场竞争变量（c_creditGDP）对小额贷款公司户均贷款额度/当地人均 GDP（c_lnavgloan/GDPcap）产生的总效应为负，并在 10% 的显著水平上显著，由于小额贷款公司户均贷款额度/当地人均 GDP 越小，表示其社会绩效越高，所以这表明信贷市场竞争变量（c_creditGDP）对小额贷款公司的社会绩效具有显著的正向影响。在小额贷款公司定价行为的中介效应检验中，系数 β，γ 均显著，但是系数 α' 不显著，说明小额贷款公司贷款投放行为（c_farmratio）的中介效应显著，并具有完全中介效应。

表 6 – 9 中的第Ⅳ列 ~ 第Ⅵ列汇报了小额贷款公司贷款投放行为（c_farmratio）在信贷市场竞争变量（c_branches/cap）影响小额贷款公司户均贷款额度/当地人均 GDP（c_lnavgloan/GDPcap）中的中介效应检验结果，由检验结果可见，信贷市场竞争变量（c_branches/cap）对小额贷款公司户均贷款额度/当地人均 GDP（c_lnavgloan/GDPcap）产生的总效应为负，

表 6-9　　小额贷款公司贷款投放行为的中介效应检验结果

变量	I c_lnavgloan/GDPcap	II c_farmratio	III c_lnavgloan/GDPcap	IV c_lnavgloan/GDPcap	V c_farmratio	VI c_lnavgloan/GDPcap
c_credit/GDP	-0.488* (0.261)		-0.384 (0.258)			
c_branches/cap				-0.359** (0.170)	0.159* (0.082)	-0.301* (0.168)
c_farmratio			-0.364*** (0.076)			-0.364*** (0.076)
c_lnasset	0.304*** (0.104)	0.094* (0.050)	0.338*** (0.103)	0.297*** (0.103)	0.101** (0.050)	0.333*** (0.102)
c_lnemployee	0.048 (0.079)	-0.014 (0.038)	0.043 (0.078)	0.054 (0.079)	-0.015 (0.038)	0.048 (0.078)
c_DAR	-0.335 (0.255)	-0.053 (0.122)	-0.354 (0.251)	-0.294 (0.251)	-0.083 (0.121)	-0.324 (0.248)
c_MS	0.370*** (0.110)	-0.148*** (0.053)	0.316*** (0.109)	0.373*** (0.110)	-0.149*** (0.053)	0.318*** (0.109)
c_lnGDP	-0.393* (0.229)	0.401*** (0.110)	-0.247 (0.228)	-0.402* (0.225)	0.427*** (0.108)	-0.247 (0.224)

续表

变量		c_lnavgloan/GDPcap Ⅰ	c_farmratio Ⅱ	c_lnavgloan/GDPcap Ⅲ	c_lnavgloan/GDPcap Ⅳ	c_farmratio Ⅴ	c_lnavgloan/GDPcap Ⅵ
c_industry		1.057 (1.124)	0.242 (0.540)	1.146 (1.108)	1.082 (1.124)	0.238 (0.541)	1.168 (1.107)
c_trade		-0.074 (0.094)	0.008 (0.045)	-0.072 (0.093)	-0.049 (0.095)	-0.003 (0.045)	-0.051 (0.094)
R-squared		0.053	0.088	0.082	0.054	0.086	0.083
Observations		934	934	934	934	934	934
Number of company		199	199	199	199	199	199
Sobel检验 (Z值)							
中介效应						1.797	
	中介效应=0.058						
	中介效应/总效应=16.16%						

注: (1) ( ) 内数值为标准误。 (2) *、**、*** 分别表示在10%、5%和1%的显著水平上显著。 (3) Z值和中介效应的数据是绝对值。 (4) 由于 c_branches/km 对 c_lnavgloan/GDPcap 的影响系数不显著, 所以停止中介效应检验。

并在5%的显著水平上显著，由于小额贷款公司户均贷款额度/当地人均GDP越小，表示其社会绩效越高，所以这表明信贷市场竞争广度对小额贷款公司的社会绩效具有显著的正向影响。在小额贷款公司定价行为的中介效应检验中，系数β，γ均显著，并且系数α'显著，说明小额贷款公司贷款投放行为（c_farmratio）的中介效应显著，且具有部分中介效应。稳健起见，本书进行了 Sobel 检验，Sobel 检验中的 z 值为 -1.797，z 值在5%显著性水平上的临界值为 0.97，所以小额贷款公司贷款投放行为（c_farmratio）的中介效应显著，该中介效应为 $0.159 \times 0.364 = 0.058$，总效应中所占比例为 $0.058/0.488 = 16.16\%$。

综上所述，小额贷款公司的贷款投放行为在信贷市场竞争影响小额贷款公司社会绩效中具有显著的中介效应，信贷市场竞争通过影响小额贷款公司的贷款投放行为，进而影响小额贷款公司的社会绩效。具体而言，信贷市场竞争提高了小额贷款公司的涉农贷款比例，而涉农贷款比例的提高降低了小额贷款公司的户均贷款额度/当地人均GDP，提升了其社会绩效。

6.5　本章小结

基于山东省87个县（县级市）199家小额贷款公司的 2011～2016 年的面板数据，本章实证检验了信贷市场竞争对小额贷款公司经营行为的影响，并采用中介效应检验方法，实证检验了小额贷款公司经营行为在信贷市场竞争影响小额贷款公司经营绩效中发挥的中介效应，以验证信贷市场竞争对小额贷款公司经营绩效的影响机制。本章实证结论包括：

1. 信贷市场竞争对小额贷款公司经营行为具有显著的影响效应

信贷市场竞争和小额贷款公司的贷款利率显著负相关，表明在信贷市场竞争程度越低的县域，小额贷款公司的贷款利率越高；而在信贷市场竞争程度越高的县域，小额贷款公司的贷款利率越低。这表明在信贷市场竞争越激烈的县域，小额贷款公司在贷款定价上越处于劣势，倾向于通过降低贷款利率来吸引客户提高竞争力，从而挤压了小额贷款公司的经营利润，也降低了当地的社会融资成本。

同时，信贷市场竞争和小额贷款公司的涉农贷款占比显著正相关，表明在信贷市场竞争程度越低的县域，小额贷款公司的涉农贷款占比越低；

而在信贷市场竞争程度越高的县域，小额贷款公司的涉农贷款占比越高。这表明在信贷市场竞争越激烈的县域，小额贷款公司在客户选择上越处于劣势，越倾向于向较贫困的农户提供贷款，市场定位下沉，使更多的弱势贫困农户获得小额信贷支持。

2. 小额贷款公司的经营行为具有显著的中介效应

小额贷款公司的贷款定价行为在信贷市场竞争影响小额贷款公司财务绩效过程中存在显著的中介效应，信贷市场竞争通过影响小额贷款公司的贷款定价行为，进而影响小额贷款公司的财务绩效。在信贷市场竞争程度越高的县域，小额贷款公司的贷款利率越低，因此小额贷款公司的财务绩效会随着贷款利率的降低而下降。而在信贷市场竞争程度越低的县域，小额贷款公司的贷款利率越高，因而小额贷款公司的财务绩效会随着贷款利率的提高而上升。

同时，小额贷款公司的贷款投放行为在信贷市场竞争影响小额贷款公司社会绩效的过程中存在显著的中介效应，信贷市场竞争通过影响小额贷款公司的贷款投放行为，进而影响小额贷款公司的社会绩效。信贷市场竞争提高了小额贷款公司的涉农贷款比例，而涉农贷款比例的提高降低了小额贷款公司的户均贷款额度，提升了其社会绩效。在信贷市场竞争程度越高的县域，小额贷款公司的涉农贷款比例越高，因此小额贷款公司的社会绩效也会随着涉农贷款比例的提高而提高。而在信贷市场竞争程度越低的县域，小额贷款公司的涉农贷款比例越低，因而小额贷款公司的社会绩效也会随着涉农贷款比例的降低而降低。

综上所述，小额贷款公司经营行为是重要的中介变量，在信贷市场竞争影响小额贷款公司经营绩效的过程中发挥重要的中介效应，信贷市场竞争通过影响小额贷款公司的经营行为，而最终作用于小额贷款公司的经营绩效。

第7章

小额贷款公司社会福利影响的实证分析

7.1 引　言

前文实证检验了信贷市场竞争对小额贷款公司经营绩效的影响效应，并通过实证检验信贷市场竞争对小额贷款公司经营行为的影响，以及小额贷款公司经营行为的中介效应，检验了信贷市场竞争对小额贷款公司经营绩效的影响机制。本章在前文分析的基础上，进一步检验小额贷款公司发展的社会福利影响，从而从外部性视角对小额贷款公司社会绩效进行再验证。

近年来，随着小额贷款公司等小额信贷机构在世界范围的蓬勃发展，对于小额信贷机构所产生的社会福利影响，引起广泛的关注和探讨。小额信贷机构的社会福利影响是指由于小额信贷机构的行为而带来的客户和非客户（以及更广泛的地区、国家或全球团体）的生活福利和质量的变化（Zeller et al.，2003）。换言之，社会福利影响是指小额信贷给贫困人口和社会带来的正的影响，具体包括小额信贷带来的收入效应和消费效应等。可以说财务绩效是小额贷款公司的保障和基础，社会绩效是中间目标，而社会福利影响是其最终目标。小额贷款公司的经营绩效和社会福利影响息息相关，社会福利影响紧随社会绩效之后，小额贷款公司的社会绩效越好，则它所带来的社会福利影响越大。

小额贷款公司是否真正坚持了小额、分散的原则而惠及普通农民？小额贷款公司的设立是否产生了促进农户收入和消费增长等积极的社会福利影响？在当前普惠金融日益推进、政府高度重视"三农"问题并打响

"精准扶贫"攻坚战的背景下，对上述问题的解答和分析不仅具有重要的理论意义，而且对于改善农村金融服务、促进"三农"发展、实现我国脱贫攻坚战的战略目标具有重要的实践意义和政策意义。由于采用的评价标准和选用的数据、计量方法的不同，现有国外研究关于小额信贷对农民收入和消费的影响的结论仍是莫衷一是、众说纷纭，并在较大程度上受地域差异和小贷项目设计差异的影响。同时，由于我国小额信贷起步较晚，小额贷款公司数据比较稀缺，受研究数据的限制，国内文献关于我国小额贷款公司对农户收入和消费的影响效应的研究仍比较匮乏，对这些问题还没有统一而明确的答案。鉴于此，本章以山东省 87 个县（县级市）2008～2016年的面板数据为样本，并基于小额贷款公司试点在不同县（县级市）分层推进的"准自然实验特点"，运用双重差分估计方法，实证检验小额贷款公司对农民收入和消费的社会福利影响效应。

7.2 研究设计

7.2.1 样本特点与双重差分法

自 2008 年底试点以来山东省小额贷款公司不断发展和推广，从最初的 10 余家增加到 2017 年的 300 余家。小额贷款公司试点在山东省各个县（县级市）分层次逐步推进，2008 年底首先在博兴、青州、肥城、龙口、兰陵、滕州、诸城开始小额贷款公司试点，2009 年在即墨、胶州、桓台、沂源、广饶、梁山、莒县、无棣、邹平、武城、寿光、招远、惠民、茌平开始小额贷款公司试点，2010 年在章丘、平度、高青、垦利、利津、海阳、莱州、蓬莱、安丘、昌邑、高密、临朐、兖州、泗水、嘉祥、荣成、沂水、平邑、莒南、临沭、乐陵、夏津、宁津、东阿、沾化、阳信、单县、郓城、沂南、蒙阴开始小额贷款公司试点，截至 2016 年山东省已经基本实现了小额贷款公司的县域全覆盖（见表 7－1）①。可见，山东省小

① 据统计目前只有烟台长岛县尚未进行小额贷款公司试点，长岛县作为山东省唯一的海岛县，其经济结构比较特殊；另外还有两个县曾进行小额贷款公司试点，但后来被取消试点资格：一是济阳县，曾在 2010 年设立济阳市金华小额贷款公司，但 2013 年 4 月被取消试点资格；二是汶上县，曾在 2010 年设立汶上县进丰小额贷款公司，但 2013 年 4 月被取消试点资格。

额贷款公司试点工作一直紧跟国家政策，试点进程与全国基本一致，同时山东省作为我国的经济金融大省和农业大省，其产业结构和"三农"发展在全国很具有代表性，所以山东省小额贷款公司样本具有较强的区域代表性，可以代表全国小额贷款公司的基本发展状况。

表 7 - 1　　2008 ~ 2015 年各县（县级市）小额贷款公司试点时间

试点时间	试点县域
2008 年 12 月	博兴、青州、肥城、龙口、兰陵、滕州、诸城
2009 年	即墨、胶州、桓台、沂源、广饶、梁山、莒县、无棣、邹平、武城、寿光、招远、惠民、茌平
2010 年	章丘、平度、高青、垦利、利津、海阳、莱州、蓬莱、安丘、昌邑、高密、临朐、兖州、泗水、嘉祥、荣成、沂水、平邑、莒南、临沭、乐陵、夏津、宁津、东阿、沾化、阳信、单县、郓城、沂南、蒙阴
2011 年	昌乐、曲阜、宁阳、东平、乳山、五莲、费县、郯城、禹城、平原、齐河、高唐、冠县、定陶、东明、巨野、平阴
2012 年	莱西、微山、临邑、陵县、临清、阳谷
2013 年	商河、鱼台、邹城、新泰、文登、庆云、莘县、鄄城、成武
2014 年	栖霞、曹县
2015 年	莱阳、金乡

资料来源：根据山东省金融工作办公室统计数据整理。

基于小额贷款公司试点工作在山东省分县域逐步推进的特征，各县（县级市）进行小额贷款公司试点的政策时点不同，所以可以把小额贷款公司试点视为一种自然实验或准实验（natural experiment or quasi experiment），自然实验或准实验是指使得社会中个人、厂商、城市等的环境发生改变的外生事件。小额贷款公司试点一方面制造了同一个县农民纯收入和消费改革前后的差异，另一方面又制造了在同一时点上试点县与非试点县之间的差异，基于这种双重差异形成的估计有效识别出政策实施所带来的政策效应。双重差分估计的主要思路就是利用一项外生的公共政策所带来的横向单位和时间序列的双重差异来识别公共政策的"处理效应"。

利用双重差分模型研究公共政策改革的政策效果在国内外文献中是较为

普遍的方法，参考周黎安和陈烨（2005）使用双重差分模型估计农村税费改革对农民收入增长所产生的政策效应，贝克等（Beck et al.，2010），使用双重差分模型估计美国放松银行管制对居民收入分配的政策效应，范辰辰和李文（2015）运用双重差分估计方法估计新农保政策对农村居民消费的政策效果，刘瑞明和赵仁杰（2015）运用双重差分法研究国家高新区对地区经济发展的政策效果等文献的做法，本书使用 2008 ~ 2016 年山东省 87 个县（县级市）的平衡面板数据，采用双重差分模型（Difference – in – Difference Model，DID）估计小额贷款公司试点对农民收入和消费增长所产生的政策效应。

7.2.2　计量模型设定

参考现有文献研究（周黎安和陈烨，2005；贝克等，2010；范辰辰和李文，2015；刘瑞明和赵仁杰，2015），本书构建如下计量模型来实现双重差分，检验小额贷款公司对农民收入和消费的影响效应：

$$Y_{it} = \beta_0 + \beta_1 D_{it} + \beta_2 X_{it} + \mu_i + \lambda_t + \varepsilon_{it} \qquad (7-1)$$

其中，i 代表山东省各县（县级市），t 代表年份。被解释变量 Y_{it} 为小额贷款公司的社会福利影响变量，具体包括农民人均纯收入和农民人均生活消费的自然对数，关键解释变量 D_{it} 为反映小额贷款公司试点及其进程的变量，X_{it} 为反映县域宏观经济特征的控制变量，包括信贷市场竞争、县域国内生产总值、产业结构和对外贸易变量。μ_i 表示个体效应，λ_t 表示时间效应，ε_{it} 为随机扰动项，β_0、β_1、β_2 代表待估计参数。模型中，系数 β_1 的估计值是关心的重点，它度量了小额贷款公司试点对农民收入和消费的影响效应，如果小额贷款公司试点确实促进了农民收入和消费的增长，那么 β_1 的系数应该显著为正。

7.2.3　变量选取和描述性统计

1. 被解释变量

本书选取农村居民人均纯收入（income）来衡量农民收入水平，并用 2008 年等于 100 的各县（县级市）的居民消费价格指数进行平减。同时，本书选取农村居民人均生活消费支出（comsumption）来衡量农民消费水平，并用2008年等于100的各县（县级市）的居民消费价格指数进行平减。

2. 关键解释变量

关键解释变量 D_{it} 为反映小额贷款公司试点进程的变量，分别为各县（县级市）"小额贷款公司试点（mccset）""小额贷款公司试点年限（settime）"以及"小额贷款公司试点第 n 年，n = 1，2，3，4（firstyear、secondyear、thirdyear、fourthyear）"。其中，"小额贷款公司试点"变量在该县（县级市）小额贷款公司试点的当年和此后取值为 1，否则取值为 0；"小额贷款公司试点年限"变量是指该县（县级市）自小额贷款公司试点以来的持续年限；"小额贷款公司试点第 i 年"变量在该县（县级市）处于小额贷款公司试点第 i 年时取值为 1，否则取值为 0。需要说明的是，由于有的县（县级市）小额贷款公司试点时间发生在年末，本书认为政策实施的效果应该在下一年才能反映出来，这时小额贷款公司的试点时间为公布的下一年，以此类推。

3. 控制变量

根据现有文献并考虑县（县级市）数据的可得性，本书选取了以下控制变量：

（1）信贷市场竞争。用各县（县级市）的金融机构本外币贷款余额与 GDP 之比（credit/GDP）来衡量，反映县域信贷市场竞争状况[1]。

（2）国内生产总值（GDP）。采用以 2009 年为基期的县域实际国内生产总值来衡量，国内生产总值可以反映县域的经济发展水平。

（3）产业结构（industry）。采用第一产业增加值占 GDP 的比重来测度，反映县域产业结构状况。第一产业占比越高，说明第一产业在该县域经济发展中居于更加重要的位置。

（4）对外贸易（trade）。采用进出口总额占 GDP 的比重来衡量，反映该县域的对外贸易发展状况。进出口总额占 GDP 的比重越高，说明该县域对外贸易的发展越兴旺。

---

[1] 由于采用双重差分法分析小额贷款公司试点的社会福利效应，主要解释变量为反映小额贷款公司试点及其进程的变量。但是，本书仍然考虑了县域金融市场竞争的影响，并将其作为重要的控制变量。同时，为了模型和分析的简练，只采用了 credit/GDP 一个衡量指标。

本书中小额贷款公司试点数据来自山东省金融工作办公室统计的2008 年以来山东省小额贷款公司的经营情况统计表，涵盖 2008 年以来山东省小额贷款公司发展和经营状况的详细数据，详尽反映了山东省县域小额贷款公司的试点和发展情况，为全面分析县域小额贷款公司设立对农民收入和消费水平的影响提供了可靠而有力的数据支撑。本书中农民人均纯收入和农民人均消费支出和县域宏观经济变量的数据来自 Wind 数据库、《山东统计年鉴》、《山东金融年鉴》和各县市《国民经济和社会发展统计公报》、《政府工作报告》以及其年鉴等。

为了消除可能存在的异方差问题，对农民纯收入（income）、农民生活消费（consumption）、县域国内生产总值（GDP）和小额贷款公司试点年限（settime）变量进行了对数处理。为了消除价格波动因素的影响，对各名义变量如县域国内生产总值、农民纯收入、农民生活消费等均以2008 年为基期按照各县市的居民消费价格指数进行了平减处理，折算成为实际值。对各县市美元计价的进出口总额，使用相应年份美元兑人民币的年平均汇率进行换算，2008 ~ 2016 年美元兑人民币的年平均汇率的数据来自国家统计局统计数据。

本书中各变量的说明和描述性统计分析结果见表 7 - 2。从变量的描述性统计可见，由于山东省的县域经济发展不平衡，各县农民人均纯收入存在着较大的差异，均值为 9021.08 元，最大值为 16888.93 元，最小值为4245.66 元。各县农民人均生活消费支出差异也较大，均值为 5358.50 元，最大值为 10902.44 元，最小值为 1323.43 元。同时，山东各县小额贷款公司试点进程也存在较大差异，小额贷款公司试点变量（mccset）均值为0.655，标准差为 0.476。

表 7 - 2   变量说明和描述性统计

变量名称	变量符号	衡量指标与计算方法	均值	标准差	最大值	最小值	观测值
农民收入	income	元/人，农民人均纯收入	9021.08	2652.11	16888.93	4245.66	783
农民消费	consumption	元/人，农民人均生活消费	5358.50	1929.55	10902.44	1323.43	783

变量名称	变量符号	衡量指标与计算方法	均值	标准差	最大值	最小值	观测值
小额贷款公司试点	mccset	试点当年及以后 = 1, 否则 = 0	0.655	0.476	1	0	783
	settime	试点年限	2.381	2.340	8	0	783
	firstyear	试点当年 = 1, 否则 = 0	0.111	0.314	1	0	783
	secondyear	试点第 2 年 = 1, 否则 = 0	0.111	0.314	1	0	783
	thirdyear	试点第 3 年 = 1, 否则 = 0	0.109	0.311	1	0	783
	fourthyear	试点第 4 年 = 1, 否则 = 0	0.105	0.307	1	0	783
信贷市场竞争	credit/GDP	金融机构本外币贷款余额/GDP	0.484	0.176	1.345	0.028	783
国内生产总值	GDP	亿元, 国内生产总值	280.08	200.37	2163.64	51.97	783
产业结构	industry	第一产业增加值/GDP	0.134	0.060	0.563	0.011	783
对外贸易	trade	进出口总额/GDP	0.154	0.167	1.418	0.003	783

注：本表中的变量（income、consumption、GDP 和 settime）未取自然对数。

7.3　实证结果分析

7.3.1　收入效应的双重差分估计结果

本书运用 Stata14 软件，以农民人均纯收入（lnincome）为被解释变量，对模型（7 - 1）进行回归，小额贷款公司收入效应的双重差分回归结果如表7-3所示。第（1）列是作为参照的没有加入控制变量的回归结果，小额贷款公司试点变量（mccset）的系数在1%的显著水平上显著为正，说明小额贷款公司试点对农民收入（lnincome）具有显著的正向影响。为了更加准确地估计小额贷款公司的政策效果，第（2）列报告了加入信贷市场竞争、国内生产总值、产业结构和对外贸易等县域宏观经济控制变量后双重差分回归结果，小额贷款公司试点变量（mccset）的系数仍在1%的显著水平上显著为正，表明小额贷款公司试点对农民收入具有显著的正向影响，小额贷款公司试点具有显著的农户增收效应。

表7-3　　　　　　　　　小额贷款公司收入效应的双重差分估计结果

变量	lnincome				
	（1）	（2）	（3）	（4）	（5）
	FE	FE	FE	FE	FE
mccset	0.391 *** (0.012)	0.137 *** (0.011)			
lnsettime			0.204 *** (0.006)	0.062 *** (0.012)	
firstyear					0.021 (0.012)
secondyear					0.047 *** (0.012)
thirdyear					0.049 *** (0.012)
fourthyear					0.071 *** (0.013)
credit/GDP		0.521 *** (0.042)		0.133 *** (0.048)	0.677 *** (0.044)
lnGDP		0.625 *** (0.024)		0.713 *** (0.056)	0.751 *** (0.023)
industry		0.474 *** (0.162)		0.304 ** (0.144)	0.452 ** (0.176)

续表

变量	lnincome				
	(1)	(2)	(3)	(4)	(5)
	FE	FE	FE	FE	FE
trade		0.012 (0.031)		-0.006 (0.026)	0.041 (0.033)
Constant	8.808*** (0.009)	5.263*** (0.137)	8.972*** (0.007)	5.044*** (0.309)	4.570*** (0.133)
Observations	783	783	783	783	783
Number of county	87	87	87	87	87
R-squared	0.609	0.851	0.759	0.828	0.827

注：（1）（）内数值为标准误，［］内数值为 P 值。（2）＊、＊＊、＊＊＊分别表示在 10%、5% 和 1% 的显著水平上显著。

　　同时，为了进一步分析随着小额贷款公司试点的进程及其政策效果的变化，本书分别考察了小额贷款公司试点年限（lnsettime）和小额贷款公司试点各年对农民收入的影响。第（3）列是作为参照的没有加入控制变量的小额贷款公司设立年限（lnsettime）变量的回归结果，结果显示小额贷款公司试点年限（lnsettime）对农民收入（lnincome）的影响系数在 1%的显著水平上显著为正，表明小额贷款公司试点年限对农民收入具有显著的正向影响，随着小额贷款公司试点年限的增加，农民收入显著增长。第（4）列汇报了加入宏观经济控制变量后的双重差分回归结果，小额贷款公司试点年限（lnsettime）的影响系数依然在 1%的显著水平上显著为正，表明小额贷款公司试点年限对农民收入具有显著的促进作用。

　　第（5）列汇报了小额贷款公司试点各年变量（firstyear、secondyear、thirdyear、fourthyear）对农民收入影响的回归结果，回归结果显示小额贷款公司试点对农民收入的影响逐年增加，小额贷款公司试点第一年的影响系数为正但并不显著，从小额贷款公司试点第二年估计系数开始在 1%的显著水平上为正，小额贷款公司试点第二年对农户收入增长的贡献为 4.7个百分点，小额贷款公司试点第三年对农户收入增长的贡献为 4.9个百分点，小额贷款公司试点第四年对农民收入增长的贡献为 7.1个百分点。综上所述，回归结果表明小额贷款公司政策的实施对农民收入具有显著的正向影响，并且随着小额贷款公司试点年限的增加，小额贷款公司对农民收入的正向影响程度逐年提高。

就控制变量而言，信贷市场竞争（credit/GDP）变量的估计系数在表 7－3 所有模型中均在 1% 的显著水平上显著为正，表明信贷市场竞争程度越高，越有利于促进农民收入水平的提高。地区生产总值（lnGDP）变量的估计系数在所有模型中均在 1% 的显著水平上显著为正，表明人均地区生产总值对农民收入具有显著的正向影响，表明人均地区生产总值越高，地方经济发展水平越高，有助于促进农民收入的提高。同时，产业结构（industry）变量的估计系数均显著为正，表明第一产业占 GDP 比重对农民收入具有显著的正向影响，第一产业的发展有助于促进农民收入的提高。对外贸易（trade）变量的估计系数在表 7－3 所有模型中均不显著，说明对外贸易对农民收入不存在显著的影响。

7.3.2 消费效应的双重差分估计结果

本书运用 Stata14 软件，以农民人均生活消费（lnconsumption）为被解释变量，对模型（7－1）进行回归，小额贷款公司消费效应的双重差分估计结果如表 7－4 所示。第（1）列是作为参照的没有加入控制变量的回归结果，小额贷款公司试点变量（mccset）的系数在 1% 的显著水平上显著为正，说明小额贷款公司试点对农民消费（lnconsumption）具有显著的正向影响。为了更加准确估计小额贷款公司的政策效果，第（2）列报告了加入信贷市场竞争、国内生产总值、产业结构和对外贸易等县域宏观经济控制变量后双重差分回归结果，小额贷款公司试点变量（mccset）的系数仍在 1% 的显著水平上显著为正，表明小额贷款公司试点对农户消费具有显著的正向影响，小额贷款公司试点具有显著的提高农民消费效应。

表 7－4   小额贷款公司消费效应的双重差分估计结果

变量	lnconsumption				
	（1）	（2）	（3）	（4）	（5）
	FE	FE	FE	FE	FE
mccset	0.421 ***	0.144 ***			
	（0.016）	（0.018）			
lnsettime			0.272 ***	0.184 ***	
			（0.009）	（0.022）	

变量	lnconsumption				
	(1)	(2)	(3)	(4)	(5)
	FE	FE	FE	FE	FE
firstyear					−0.027 (0.019)
secondyear					0.004 (0.019)
thirdyear					0.025 (0.020)
fourthyear					0.057*** (0.020)
credit/GDP		0.716*** (0.071)		0.325*** (0.087)	0.872*** (0.071)
lnGDP		0.636*** (0.041)		0.364*** (0.102)	0.771*** (0.038)
industry		0.525* (0.273)		0.076 (0.262)	0.399 (0.285)
trade		0.015 (0.052)		−0.093 (0.048)	0.041 (0.053)
Constant	8.246*** (0.013)	4.551*** (0.230)	8.373*** (0.011)	6.277*** (0.559)	3.844*** (0.216)
Observations	783	783	783	783	783
Number of county	87	87	87	87	87
R-squared	0.497	0.703	0.689	0.712	0.681

注：（1）（ ）内数值为标准误，[ ] 内数值为 P 值。（2）*、**、*** 分别表示在 10%、5% 和 1% 的显著水平上显著。

同时，为了进一步分析随着小额贷款公司试点的进程及其政策效果的变化，本书分别考察了小额贷款公司试点年限（lnsettime）和小额贷款公司试点各年对农民消费的影响。第（3）列是作为参照的没有加入控制变量的小额贷款公司试点年限（lnsettime）变量的回归结果，结果显示小额贷款公司试点年限（lnsettime）对农民消费（lnconsumption）的影响系数在 1% 的显著水平上显著为正，表明小额贷款公司试点年限对农民消费具有显著的正向影响，随着小额贷款公司试点年限的增加，农民消费显著增长。第 (4) 列汇报了加入宏观经济控制变量后的双重差分回归结果，小额贷款公司试点年限（settime）的影响系数依然在 1% 的显著水平上显著为正，表明小额贷款公司试点年限对农民消费具有显著的促进作用。

第 (5) 列汇报了小额贷款公司试点各年变量（firstyear、secondyear、thirdyear、fourthyear）对农民消费影响的回归结果，回归结果显示小额贷款公司试点对农户消费的影响最初并不显著，双重差分回归结果从小额贷款公司试点第四年开始显著为正。与小额贷款公司试点各年变量对农民收入相比（第二年就开始显著为正），农民消费对小额贷款公司试点各年变量的反应相对比较滞后，这可能是由于消费一般滞后于收入，所以农民消费对小额贷款公司试点各年变量的反应相对缓慢滞后。综上所述，回归结果表明小额贷款公司政策的实施对农民消费具有显著的正向影响，并且随着小额贷款公司试点年限的增加，小额贷款公司对农民消费的正向影响程度随之不断提高。

就控制变量而言，信贷市场竞争（credit/GDP）变量的估计系数在表 7-4 所有模型中均在 1% 的显著水平上显著为正，表明县域信贷市场竞争越激烈，越有利于促进农民消费水平的提高。地区生产总值（lnGDP）变量的估计系数在表 7-4 所有模型中均在 1% 的显著水平上显著为正，表明人均地区生产总值对农民消费具有显著的正向影响，表明人均地区生产总值越高，地方经济发展水平越高，有助于促进农民消费水平的提高。同时，产业结构（industry）变量的估计系数在模型中均为正，但并不显著，表明第一产业占 GDP 比重对农民消费的影响不显著。对外贸易（trade）变量的估计系数在所有模型均不显著，说明对外贸易对农民消费不存在显著的影响。

7.3.3　分区域的双重差分估计结果

1. 收入效应的分区域影响效果

由于地理位置、自然资源、人文环境等因素的影响，山东省各县域的经济与金融发展状况存在很大的区域差异。在全省 17 地市的国民生产总值排名中，青岛、烟台和济南的 GDP 在全省位居前三，是山东省新旧动能转换的"三核"。考虑到小额贷款公司试点对农民收入的影响有可能存在区域差异,所以有必要将总样本分成济青烟区县域和非济青烟区县域两组子样本进行区分,以考察在不同经济发展水平县域的小额贷款公司试点对农民收入的影响效应。

分区域子样本回归结果如表7-5所示,通过对比发现,济青烟区小额贷款公司试点(mccset)和小额贷款公司试点年限(lnsettime)对农民收入的影响系数均在1%的显著水平上显著为正;同时,非济青烟区小额贷款公司试点(mccset)和小额贷款公司试点年限(lnsettime)对农民收入的影响系数也在1%的显著水平上显著为正,表明小额贷款公司试点对农民收入具有显著的促进作用,并且随着小额贷款公司试点年限的增加,对农民收入的正向影响程度不断加深,这和总样本的回归结果一致,进一步说明了本书实证结果的稳健性。

表7-5 收入效应的分区域回归结果

变量	lnincome					
	济青烟区			非济青烟区		
	(1)	(2)	(3)	(4)	(5)	(6)
mccset	0.060 *** (0.018)			0.147 *** (0.012)		
lnsettime		0.073 *** (0.018)			0.052 *** (0.015)	
firstyear			0.037 (0.018)			0.018 (0.013)
secondyear			0.013 (0.019)			0.047 *** (0.013)
thirdyear			0.017 (0.020)			0.050 *** (0.014)
fourthyear			0.036 * (0.021)			0.074 *** (0.025)
credit/GDP	0.670 *** (0.091)	0.129 (0.135)	0.757 *** (0.089)	0.494 *** (0.047)	0.122 ** (0.052)	0.655 *** (0.049)

续表

变量	lnincome					
	济青烟区			非济青烟区		
	(1)	(2)	(3)	(4)	(5)	(6)
lnGDP	0. 843 ***	0. 918 ***	0. 910 ***	0. 606 ***	0. 758 ***	0. 741 ***
	(0. 062)	(0. 095)	(0. 061)	(0. 027)	(0. 070)	(0. 025)
industry	1. 636 ***	4. 752 ***	1. 618 ***	0. 415 **	0. 247	0. 384 **
	(0. 559)	(0. 977)	(0. 592)	(0. 173)	(0. 152)	(0. 188)
trade	0. 541 ***	0. 103	0. 614 ***	0. 005	0. 006	0. 035
	(0. 144)	(0. 271)	(0. 151)	(0. 032)	(0. 028)	(0. 035)
Constant	3. 685 ***	3. 315 ***	3. 266 ***	5. 382 ***	4. 848 ***	4. 659 ***
	(0. 391)	(0. 637)	(0. 392)	(0. 147)	(0. 375)	(0. 143)
Observations	126	126	126	657	657	657
Number of county	14	14	14	73	73	73
R-squared	0. 928	0. 935	0. 925	0. 843	0. 817	0. 816

注：(1) ( ) 内数值为标准误。(2) * 、** 、*** 分别表示在 10% 、5% 和 1% 的显著水平上显著。

　　但是，在小额贷款公司试点各年变量对农民收入的影响上济青烟区和非济青烟区存在着一定差异，非济青烟区小额贷款公司试点对农民收入的影响从试点的第二年开始显著为正，同时正向影响程度随着试点时间的延长而不断加深，小额贷款公司试点第四年对农民收入的贡献达 7.4 个百分点。而济青烟区的农户收入对小额贷款公司试点的反应则相对滞后和平淡，小额贷款公司试点第一年、第二年和第三年对农户收入的影响系数虽然为正，但并不显著，小额贷款公司试点第四年对农户收入的影响系数开始显著为正，对农户收入贡献为 3.6 个百分点，低于非济青烟区的贡献率。根据边际效应递减的经济学原理，这可能是由于非济青烟区的县市经济大多欠发达，农民收入水平普遍较低，农民面临的银行信贷约束也较强，所以小额贷款公司试点犹如"雪中送炭"，边际效应较大，从而农民收入对小额贷款公司试点反应比较敏感和强烈。而济青烟区的县市经济比较发达，农户收入水平普遍较高，农民面临的银行信贷约束也比较弱，所以小额贷款公司试点犹如"锦上添花",边际效应较小,因而农民收入水平对小额贷款公司试点反应相对缓慢滞后。

2. 消费效应的分区域影响效果

考虑到小额贷款公司试点对农民消费的影响有可能存在地区差异,所以有必要将总样本分成济青烟区县域和非济青烟区县域两组子样本进行区分,以考察在不同经济发展水平县域的小额贷款公司试点对农民消费的影响效应。分区域子样本回归结果如表7-6所示,通过对比发现,济青烟区小额贷款公司试点(mccset)和小额贷款公司试点年限(lnsettime)对农民消费的影响系数均在1%的显著水平上显著为正;同时,非济青烟区小额贷款公司试点(mccset)和小额贷款公司试点年限(lnsettime)对农民消费的影响系数也在1%的显著水平上显著为正,表明小额贷款公司试点对农民消费具有显著的促进作用,并且随着小额贷款公司试点年限的增加,对农民消费的正向影响程度不断加深,这和总样本的回归结果一致,进一步说明了本书实证结果的稳健性。

表7-6 消费效应的分区域回归结果

变量	lnconsumption					
	济青烟区			非济青烟区		
	(1)	(2)	(3)	(4)	(5)	(6)
mccset	0.101 *** (0.034)			0.148 *** (0.020)		
lnsettime		0.230 *** (0.040)			0.164 *** (0.027)	
firstyear			0.014 (0.035)			0.035 (0.021)
secondyear			0.006 (0.036)			0.002 (0.022)
thirdyear			0.020 (0.040)			0.027 (0.022)
fourthyear			0.003 (0.040)			0.061 *** (0.023)

续表

变量	lnconsumption					
	济青烟区			非济青烟区		
	(1)	(2)	(3)	(4)	(5)	(6)
credit/GDP	0.708 *** (0.172)	0.372 (0.296)	0.893 *** (0.172)	0.695 *** (0.078)	0.325 *** (0.094)	0.844 *** (0.079)
lnGDP	0.961 *** (0.117)	0.581 *** (0.209)	1.085 *** (0.118)	0.619 *** (0.045)	0.467 *** (0.126)	0.754 *** (0.041)
industry	3.106 *** (1.056)	8.363 *** (2.148)	2.811 ** (1.140)	0.404 (0.290)	0.012 (0.271)	0.276 (0.301)
trade	0.705 ** (0.272)	−0.605 (0.597)	0.964 *** (0.290)	0.007 (0.054)	−0.095 (0.050)	0.030 (0.056)
Constant	2.169 *** (0.740)	4.525 *** (1.400)	1.409 * (0.755)	4.678 *** (0.247)	5.732 *** (0.670)	3.988 *** (0.229)
Observations	126	126	126	657	657	657
Number of county	14	14	14	73	73	73
R-squared	0.825	0.835	0.812	0.687	0.703	0.666

注：（1）（）内数值为标准误。（2）＊、＊＊、＊＊＊分别表示在10%、5%和1%的显著水平上显著。

但是，在小额贷款公司试点各年变量对农民消费的影响上济青烟区和非济青烟区存在着一定的差异，非济青烟区小额贷款公司试点对农民消费的影响从试点第四年开始显著为正，而济青烟区的农户收入对小额贷款公司试点的反应则相对滞后和平淡，小额贷款公司试点第一年、第二年、第三年和第四年对农民消费的影响系数虽然为正，但并不显著。根据边际效应递减的经济学原理，这可能是由于非济青烟区的县市经济大多欠发达，农民消费水平普遍较低，农民面临的银行信贷约束也较强，所以小额贷款公司试点犹如"雪中送炭"，带来的边际效应较大，从而农民消费对小额贷款公司试点反应比较敏感和强烈。而济青烟区的县市经济比较发达，农民消费水平普遍较高，农民面临的银行信贷约束也比较弱，所以小额贷款公司试点更多扮演"锦上添花"的角色，产生的边际效应较小，从而农民消费水平对小额贷款公司试点反应相对缓慢滞后。

7.4 本章小结

本章以山东省 87 个县（县级市）2008～2016 年的面板数据为样本，基于小额贷款公司试点在不同县（县级市）分层推进的"准自然实验特点"，运用双重差分估计方法，实证检验了小额贷款公司试点对农民收入和消费的社会福利影响效应。本章的实证结论包括：

（1）小额贷款公司试点对农民收入均具有显著的正向影响，表明小额贷款公司试点对农民收入增长具有显著的促进作用。同时，小额贷款公司的政策效果具有一定的时滞性，小额贷款公司试点各年变量对农民收入的影响系数从试点的第二年开始显著为正，表明小额贷款公司试点对农民收入的促进作用主要在试点的第二年开始显现。同时，随着小额贷款公司试点时间的增加，对农民收入的促进作用逐年加深。

（2）小额贷款公司试点对农民消费具有显著的正向影响，说明小额贷款公司试点对农民消费增长具有显著的促进作用。同时，政策效果具有明显的时滞性，小额贷款公司试点各年变量对农民消费的影响系数从试点的第四年开始显著为正，表明小额贷款公司试点对农民消费的促进作用主要在试点的第四年开始显现。

（3）将总样本分成济青烟区和非济青烟区两组子样本进行分区域回归，分区域回归结果显示，小额贷款公司试点的影响结果与基本模型基本一致，表明小额贷款公司试点对农民收入和消费水平均具有显著的正向影响，表明本书实证结果的稳健性；同时，非济青烟区农民收入和消费对小额贷款公司试点的反应更加敏感和强烈，而济青烟区农民收入和消费对小额贷款公司试点的反应相对缓慢和滞后，说明小额贷款公司试点对经济欠发达县域的农民收入和消费水平的推动作用更大。

这说明小额贷款公司试点补充了银行业金融机构的服务缺失，增加了县域金融供给，活跃了县域金融市场，丰富了县域金融产品和金融服务种类，缓解了农民的融资困境，从而有效促进了农民收入和消费的增长，发挥了积极的社会福利影响效应。

第 8 章

研究结论与政策建议

8.1 研 究 结 论

　　小额贷款公司是我国商业性的小额信贷机构，在经营中肩负着财务绩效和社会绩效的双重绩效。自 2008 年全国试点以来，我国小额贷款公司发展迅速，成为我国农村金融体系和普惠金融体系的生力军。同时，在小额贷款公司的发展过程中，也逐渐暴露出一些问题，比如"嫌贫爱富"，背离了"支农支小"的试点初衷；或者出现经营亏损，陷入经营困境甚至破产倒闭；或者风险管理不善，存在风险隐患等等。所以，小额贷款公司如何实现双重经营绩效和健康可持续发展、小额贷款公司应如何找准自己的市场定位、如何成为银行业金融机构的有效补充等问题，逐渐引起关注和探讨。

　　本书基于 2011～2016 年山东省 87 个县（县级市）199 家小额贷款公司的非平衡面板数据，构建面板数据模型，从县域的视角实证检验信贷市场竞争对小额贷款公司经营绩效的影响效应。同时，剖析信贷市场竞争影响小额贷款公司经营绩效的作用机制，提出"信贷市场竞争—小额贷款公司经营行为—小额贷款公司经营绩效—小额贷款公司社会福利影响"的逻辑框架，并采用中介效应检验方法，实证检验了小额贷款公司经营行为在信贷市场竞争影响小额贷款公司经营绩效中发挥的中介效应。最后，基于小额贷款公司试点在不同县（县级市）分层推进的"准自然实验特点"，以山东省 2008～2016 年 87 个县（县级市）的平衡面板数据为样本，运用双重差分模型，实证检验小额贷款公司设立对农民收入和消费水平的影响效应，从外部性视角进一步对经营绩效进行再验证。

本书的研究主要得到以下几个方面的结论：

1. 信贷市场竞争对小额贷款公司经营绩效存在异质性影响

县域信贷市场竞争程度的差异，将影响市场上小额贷款公司经营绩效，并且对小额贷款公司的双重绩效产生异质性影响。在社会绩效方面，信贷市场竞争对小额贷款公司的社会绩效存在显著的正向影响，这表明在信贷市场竞争程度越高的县域，小额贷款公司的社会绩效越高。在信贷市场竞争越激烈的县域，小额贷款公司更多地开拓更小额、低端的市场，走差异化发展道路，市场定位下沉，越倾向于向较贫困的客户提供贷款，让更多的弱势贫困客户获得金融支持，也更好地履行了其社会责任、提升了社会绩效。这也表明小额贷款公司主要填补了传统银行业金融机构缺失的市场，主要向未获得传统金融信贷服务的贷款客户提供信贷，对传统银行业金融机构起到有效的补充作用。

在财务绩效方面，信贷市场竞争与小额贷款公司的财务绩效呈负相关。这表明在信贷市场竞争程度越低的县域，小额贷款公司的经营利润越高，财务绩效提高。而在信贷市场竞争越激烈的县域，使得小额贷款公司经营利润缩减，财务绩效降低，这在一定程度上降低了当地的社会融资成本。

2. 信贷市场竞争显著影响了小额贷款公司的经营行为

信贷市场竞争显著影响了小额贷款公司的经营行为，包括贷款定价行为和贷款投向行为。在贷款定价方面，信贷市场竞争和小额贷款公司的贷款利率显著负相关，表明在信贷市场竞争程度越低的县域，小额贷款公司的贷款利率越高；而在信贷市场竞争程度越高的县域，小额贷款公司的贷款利率越低。这表明在信贷市场竞争越激烈的县域，小额贷款公司在贷款定价上越处于劣势，倾向于通过降低贷款利率来吸引客户提高竞争力，从而挤压了小额贷款公司的经营利润，也降低了当地的社会融资成本。

在贷款投向方面，信贷市场竞争对小额贷款公司的涉农贷款占比具有显著的正向影响，表明在信贷市场竞争程度越高的县域，小额贷款公司的涉农贷款比例越高；而在信贷市场竞争程度越低的县域，小额贷款公司的涉农贷款比例越低。这表明在信贷市场竞争越激烈的县域，小额贷款公司在客户选择上越处于劣势，越倾向于向较贫困的农户提供贷款，市场定位下沉，使更多的弱势贫困农户获得小额信贷支持。

3. 小额贷款公司经营行为具有显著的中介效应

小额贷款公司经营行为是重要的中介变量，在信贷市场竞争影响小额贷款公司经营绩效的过程中发挥重要的中介效应，信贷市场竞争通过影响小额贷款公司的经营行为，而最终作用于小额贷款公司的经营绩效。首先，小额贷款公司的贷款定价行为在信贷市场竞争影响小额贷款公司财务绩效过程中存在显著的中介效应，信贷市场竞争通过影响小额贷款公司的贷款定价行为，进而影响小额贷款公司的财务绩效。具体而言，信贷市场竞争降低了小额贷款公司的贷款利率，而小额贷款公司贷款利率的降低则使其财务绩效下降。在信贷市场竞争程度越高的县域，小额贷款公司的贷款利率越低，因此小额贷款公司的财务绩效也会随着贷款利率的降低而下降。而在信贷市场竞争程度越低的县域，小额贷款公司的贷款利率越高，因而小额贷款公司的财务绩效也会随着贷款利率的提高而上升。

其次，小额贷款公司的贷款投放行为在信贷市场竞争影响小额贷款公司社会绩效的过程中存在显著的中介效应，信贷市场竞争通过影响小额贷款公司的贷款投放行为，进而影响小额贷款公司的社会绩效。信贷市场竞争提高了小额贷款公司的涉农贷款比例，而涉农贷款比例的提高降低了小额贷款公司的户均贷款额度，提升了其社会绩效。在信贷市场竞争程度越高的县域，小额贷款公司的涉农贷款比例越高，因此小额贷款公司的社会绩效也会随着涉农贷款比例的提高而提高。而在信贷市场竞争程度越低的县域，小额贷款公司的涉农贷款比例越低，因而小额贷款公司的社会绩效也会随着涉农贷款比例的降低而降低。

4. 小额贷款公司试点有利于促进农民收入和消费增长

小额贷款公司试点与农民收入和消费均显著正相关，说明小额贷款公司试点对农民收入和消费水平存在显著的推动作用。同时，政策效应存在一定的时滞性，小额贷款公司试点对农民收入的正向影响在试点的第二年才开始凸现，同时随着小额贷款公司试点年限的增加，对农民收入的促进作用逐年加深，小额贷款公司试点对农民消费的促进在试点的第四年才开始凸现。同时，区域分样本实证结果显示小额贷款公司试点对经济欠发达县域的农民收入和消费水平的推动作用更大。这说明小额贷款公司试点补充了银行业金融机构的服务缺失，增加了县域金融供给，活跃了县域金融市场，丰富了县域金融产品和金融服务种类，缓解了农民的融资困境，从而有效促进了农民收入和消费的增长，发挥了积极的社会福利影响效应。

8.2 政策建议

在本书研究结论的基础之上，主要对政府和小额贷款公司提出以下几个方面的建议。

8.2.1 对政府的政策建议

第一，坚持市场化方向，进一步深化金融供给侧改革，提高县域信贷市场竞争水平。

本书的研究结论提出，信贷市场竞争水平对小额贷款公司的贷款定价行为和贷款投向行为具有显著的影响。在信贷市场竞争不断加剧的压力下，小额贷款公司通过增加对农户的贷款投放和提高覆盖深度，从而提升了社会绩效。这说明信贷机构之间的竞争将推动小额贷款公司加大金融创新的力度，提高金融产品的供给，从而为可持续性发展搭建了基石。由此说，信贷市场竞争水平的提高有利于提升小额贷款公司为"三农"提供信贷服务的能力，有效缓解了"三农"的融资困境。因此，政府应继续坚定市场化的方向不移，降低农村信贷市场的准入门槛，深化金融供给侧改革，打造多元化、多层次、充分竞争的县域信贷体系，解决我国县域信贷供给不足、信贷市场竞争不充分的问题。

第二，加大对小额贷款公司"支农支小"的扶持力度，积极引导小额贷款公司扎根"三农"深耕县域。

本书的研究结论显示，一方面，信贷市场竞争有利于提高小额贷款公司社会绩效，但另一方面，信贷市场竞争降低了小额贷款公司的财务绩效。由于政府对小额贷款公司的身份定位仍然模糊不清，使其无法享有金融机构相应的税收、融资等优惠政策，面临着税负过重、融资成本过高等一系列问题，影响了其可持续发展。虽然小额贷款公司经营小额贷款业务，不同于一般工商企业经营的业务，但其身份并未明确定位为金融机构，也未纳入银保监会或中国人民银行系统进行监管，主要由地方金融办牵头负责管理。小额贷款公司没有金融许可证，虽然从事贷款业务，但无法享受农村信用社等金融机构的相应税收优惠政策，承受着高于金融机构的纳税重负。

小额贷款公司税负过重，大大增加了运营成本，同时也加大了贷款风险，不利于其长远发展。同时，在融资成本方面，小额贷款公司从银行业金融机构融入资金，按照一般工商企业的贷款标准，利率在基准贷款利率基础上上浮；而其他金融机构从银行融资则属于同业拆借，利率参照上海银行间同业拆放利率。综上所述，由于身份定位不明确，使小额贷款公司无法享有各种优惠政策，加大了经营成本和压力，制约了其可持续发展。

所以，为确保小额贷款公司的健康发展，需要进一步完善对小额贷款公司的扶持和激励机制，使其成本和风险得到合理的补偿，促进小额贷款公司在实现可持续经营的前提下，不断下沉市场定位，走特色化和差异化的发展之路。根据小额贷款公司支农目标和社会绩效的具体完成状况，对其实行差异化的奖励措施，从而进一步激励小额贷款公司加大支农支小的力度，使其充分发挥普惠金融、草根金融的积极作用。同时，对经营良好、资本充足的小额贷款公司，允许其转制成村镇银行，为其提供广阔的发展空间和美好的发展愿景。

第三，进一步完善县域信用体系和金融生态环境，加强风险监管，营造健康可持续的政策环境和发展环境。

在信贷市场竞争欠发达的县域，由于当地的信用体系建设滞后，信用风险防范与分担机制不健全，金融生态环境较差，银行信贷风险较高，县域金融运行呈现高成本和高风险的双重特征，使得金融机构都望而却步。这需要地方政府提高社会职能，落实各项配套措施，营造更好的商业环境、信用环境和金融生态环境，促进金融与实体经济的良性互促发展。这样不仅可以吸引更多的银行业金融机构的资金投入，也可带动小额贷款公司在承担社会责任的同时获得更多的财务收益，使它的社会绩效和财务绩效相匹配，实现健康可持续性发展。

而在传统金融比较发达的县域，应更好地规范小额贷款公司的运作，在保持其财务可持续性的同时，通过财政、税收政策调控等途径鼓励小额贷款公司更多地向小微企业和农户提高信贷，更好地使其服务实体经济，更好地履行社会责任。同时，加强地方金融监管部门对小额贷款公司的监管，防止小额贷款公司成为地方非法集资的平台和通道，避免出现脱实向虚，使其更好地履行试点的初衷。小额贷款公司的发展，将成为我国农村金融和普惠金融的生力军，成为我国普惠金融体系构建和"三农"发展的强有力的金融助推器。

第四，搭建银行业金融机构与小额贷款公司合作的桥梁，创建二者有序竞争、互惠共生的发展模式。

通过信贷市场竞争对小额贷款公司经营行为的影响可以发现，在信贷市场竞争较发达的县域，银行业金融机构与小额贷款公司之间由于存在市场竞争，从而改变了小额贷款公司的经营行为。由于小额贷款公司处于发展初期、规模较小，犹如新植幼苗，无法与根基深厚、已长成参天大树的银行业金融机构抗衡，因而在竞争中处于劣势，两者形成非合作博弈，虽然传统金融机构可以获得一定的分配占优，但最终不利于县域整个金融业的可持续发展。为了进一步完善县域金融体系、提高金融资源配置效率，促进银行业金融机构与小额贷款公司的合作，制度安排构建是关键所在。

政府应制定政策积极促进银行业金融机构与小额贷款公司的合作共赢，鼓励银行业金融机构向小额贷款公司提供借款资金，缓解小额贷款公司的融资困境；鼓励资质优良的小额贷款公司通过类资产证券化等方式，将资产打包增信后经一定渠道（比如地方金融资产交易所）卖出，从而腾挪出更多资金来发展业务。支持小额贷款公司与银行业金融机构业务合作，小额贷款公司可以通过与银行业金融机构业务和客户上的承接，形成市场互补、有序竞争的格局。同时，加强地方金融监管部门对小额贷款公司的监管，防止小额贷款公司成为地方非法集资的平台和通道，避免出现脱实向虚，使其更好地为实体经济服务。

8.2.2 对小额贷款公司的对策建议

第一，立足支农支小，践行普惠金融，走特色化经营道路。

在经营战略上，小额贷款公司应进一步加强战略规划，切实立足市场定位，立足支农支小，致力于在普惠金融的蓝海中分得一杯羹。要探索可持续发展之路，在不同的地区可以采取不同的战略和服务策略；在传统金融较发达的县域，要踏实立足市场定位，与传统金融机构加强合作，与其展开错位竞争，下沉服务群体和市场空间，更好地服务小微客户、农户等金融薄弱环节，利用自身体制机制优势，在打通普惠金融"最后一公里"、填补金融薄弱环节中实现自身发展。在传统金融欠发达的县域，要避免"高利贷化"倾向，要坚守自身的市场定位，加强服务对象市场辨识度，踏实服务实体经济与客户，加强针对"三农"的有效信贷供给，提高农户贷款比例，真正为"三农"、小微企业提供切实有力的金融支持。

在商业模式和服务模式上，小额贷款公司应加强探索特色化商业模式，加强互联网技术、大数据等新技术应用，构建线上线下获客与金融服务的渠道，在波澜变幻的数字化时代和激烈的市场竞争中，充分发挥好自身灵活的体制机制，实现自身的特色化发展。例如，部分大型房地产企业发起的小额贷款公司依托发起人的主营业务，探索"业主贷""商户贷"等业务联合模式，实现与母公司的业务协调和共赢。

在客户定位上，与传统金融机构错位经营，进一步下沉客户服务定位，发展银行信贷的边缘客户，使之变成自己的客户，将自身特色和优势发挥到极致。通过进一步细分市场，针对不同细分市场开发更多创新型产品，在传统产品的基础上简化了流程，为客户提供了更快捷的金融服务。通过市场细分更加有效地满足目标客户需求，深度挖掘客户资源，获得有效客户资源，在激烈的市场竞争中取得自身发展的一席之地。比如部分小额贷款公司积极对接银行信用卡客户，开展卡贷业务，在银行信用卡透支和分期领域分一杯羹。

第二，重视金融同业市场，借力资产证券化盘活资产，拓展多元的融资渠道。

小额贷款公司无法吸收公众存款，资金主要来自股东、银行借款等较为狭窄的渠道，在税收优惠方面也普遍比不上传统金融机构，这直接考验着小额贷款公司的财务绩效状况和商业可持续性，也影响其服务实体经济的能力，在不同的市场竞争状态下，小额贷款公司普遍面临生存难题和发展困境。因此，在增加财务绩效方面，除了准确定位发展更多有效高收益资产外，小额贷款公司必须在资金的筹集和运用方面做出转变，充分利用自身灵活的机制，对接金融同业市场，最大化的拓展多元化的资本渠道，最大限度提高资金使用效率和降低筹资成本。

小额贷款公司可以通过信贷资产转让以及发行公司私募债券等多元化的融资方式来拓宽融资渠道，为公司的持续发展提供持续的动力。目前，已有很多小贷公司成为传统金融机构高收益资产的提供者，他们将数量众多的小额信贷资产，通过与保险公司或担保公司合作、增加信用等方式，把资产打包转让给金融机构，或由金融机构通过包装成标准化产品，利用银行渠道销售给投资者。同时，小额贷款公司还可以与地方金融交易平台合作，将资产转移变现。如此操作，一方面可以加强资金周转，拓展多元化融资渠道，另一方面，可以有效降低自身资金成本，实现自身资金使用效益的最大化。

第三，坚守合规合法经营，加强自身风险管理。

从事金融和类金融业务，风险管理是核心。从小额贷款公司的经营特点看，天然的市场定位、薄弱的客户基础和较高的资金成本，注定了资产的高风险性和经营的脆弱性，必须着力提升风险管理能力，而这正是小额贷款公司的弱项。

小额贷款公司必须坚持"小额分散"的放贷原则，通过客户、资产的分散实现风险的分散，确保整体风险可控；要积极向传统金融机构学习，围绕放贷建立起完善的风险管控体系；必须要培育一批踏实肯干的普惠金融队伍，可以吸收传统金融机构小微业务人员，带动自身人员素质的培养和提升；要运用好互联网、大数据等新技术加强风险管理，可以引进第三方大数据金融信息服务机构，为风控体系建立提供强大的科技支撑。

8.3 研究展望

今后作者将进一步追踪信贷市场竞争与小额贷款公司经营绩效，以及小额贷款公司社会福利影响的国内外最新研究进展，进一步搜集、整理、完善全国范围内县域小额贷款公司的经营数据，并寻找更加有效的计量工具和方法对信贷市场竞争对小额贷款公司经营绩效的影响效应及作用机制进行深入研究。

参考文献

［1］ Ahlin C, Lin J, Maio M. Where does Microfinance Flourish? Microfinance Institution Performance in Macroeconomic Context ［J］. Journal of Development Economics, 2010, 95 (2): 105 – 120.

［2］ Ahlin C, Jiang N. Can Micro-credit bring Development? ［J］. Journal of Development Economics, 2008, 86 (1): 1 – 12.

［3］ Andersen T, Malchow – Moller N. Strategic Interaction in Undeveloped Credit Markets ［J］. Journal of Development Economics, 2006, 80 (2): 275 – 298.

［4］ Angelucci M, Karlan D, Zinman J. Microcredit Impacts: Evidence from a Randomized Microcredit Program Placement Experiment by Compartamos Banco ［J］. American Economic Journal: Applied Economics, 2015, 7 (1): 151 – 182.

［5］ Annim S K. Microfinance Efficiency Trade-offs and Complementarities ［R］. BWPI Working Paper, 2010, No. 127.

［6］ Armendariz B, Morduch J. The Economics of Microfinance ［M］. MIT Press, Cambridge, MA, 2005.

［7］ Assefa E, Hermes N, Meesters A. Competition and the Performance of Microfinance Institutions ［J］. Applied Financial Economics, 2013, 23 (9): 767 – 782.

［8］ Attanasio O, Augsburg B, Haas R D, Fitzsimons E, Harmgart H. Group Lending or Individual Lending? Evidence from a Randomized Field Experiment in Rural Mongolia ［J］. Ssrn Electronic Journal, 2011, 2013 – 074.

［9］ Augsburg, B, De Haas R, Harmgart H, Meghir C. Microcredit at the Margin: Experimental Evidence from Bosnia and Herzegovina ［R］. Working Paper, Social Science Research Center Berlin (WZB), No. SP 2, 2014.

［10］ Banerjee A, Duflo E, Glennerster R, Kinnan C. The Miracle of Microcredit? Evidence from a Randomized Evaluation ［R］. Working Paper, Department of Economics, MIT, 2012.

［11］ Baron R M, Kenny D A. The Moderator-mediator Variable Distinction in Social

Psychological Research: Conceptual, Strategic, and Statistical Considerations [J]. Journal of Personality and Social Psychology, 1986, 51 (6): 1173 – 1182.

[12] Barr M. Microfinance and Financial Development [J]. Michigan Journal of International Law, 2005: 271 – 296.

[13] Beck T, Demirguc – Kunt A, Peria MSM. Reaching out: Access to and use of banking services across countries [J]. Journal of Financial Economics, 2007, 85 (1): 234 – 266.

[14] Beck T, Levine R, Levkov A. Big Bad Banks? The Winners and Losers from Bank Deregulation in the United States [J]. Journal of Finance, 2010, 65 (5): 1637 – 1667.

[15] Bell C. Interactions between Institutional and Informal Credit Agencies in Rural India [J]. World Bank Economic Review, 1990, 4 (3): 297 – 327.

[16] Berger, Allen N, Udell, Gregory F. The Economics of Small Business Finance: the Role of Private Equity and Debt Markets in the Financial Growth Cycle [J]. Journal of Banking and Finance, 1998, 22 (6 – 8): 613 – 673.

[17] Besley T, Coate S. Group Lending, Repayment Incentives and Social Collateral [J]. Journal of Development Economics, 1995, 46 (1): 1 – 18.

[18] Bikbaeva G, Gaibnazarova M. Impact of Microfinance on Alleviating Rural Poverty in Uzbekistan [J]. Problems of Economic Transition, 2009, 52 (2): 67 – 85.

[19] Bose P. Formal-informal Sector Interaction in Rural Credit Markets [J]. Journal of Development Economics, 1998, 56 (2): 265 – 280.

[20] Boonperm J, Haughton J, Khandker S R. Does the Village Fund matter in Thailand? Evaluating the impact on incomes and spending [J]. Journal of Asian Economics, 2013, 25 (c): 3 – 16.

[21] Chemin M. The Benefits and Costs of Microfinance: Evidence from Bangladesh [J]. Journal of Development Studies, 2008, 44 (4): .463 – 484.

[22] Christen R P, Cook T. Commercialization and Mission Drift. The Transformation of Microfinance in Latin America [R]. CGAP Occasional Paper No. 5. The World Bank, Washington, DC, 2001.

[23] Chaudhuri S, Dwibedi JK. Horizontal and Vertical Linkages between Formal and Informal Credit Markets in Backward Agriculture: A Theoretical Analysis [M]. Social Science Electronic Publishing, 2002.

[24] Crepon B, Devoto F, Duflo E, Pariente W. Estimating the Impact of Microcredit on Those Who Take it Up: Evidence from a Randomized Experiment in Mocorro [R]. Working Paper, Department of Economics, MIT, 2013.

[25] Cull R, Demirguc – Kunt A, Morduch J. Financial performance and outreach: A global analysis of lending microbanks [J]. Economical Journal, 2007, 117 (517): F107 – F133.

［26］ Cull R, Demirguc - Kunt A, Morduch J. Banks and Microbanks ［R］. Policy Research Working Paper 5078, The World Bank, 2009a.

［27］ Cull R, Demirguc - Kunt A, Morduch J. Microfinance Meets the Market ［J］. Journal of Economic Perspectives, 2009b, 23 (1): 167 - 192.

［28］ Cull R, Demirguc - Kunt A, Morduch J. Microfinance Trade-offs: Regulation, Competition, and Financing ［R］. World Bank Policy Research Working Paper No. 5086, 2009c.

［29］ Drake D, Rhyne E. The Commercialization of Microfinance: Balancing Business and Development ［M］. West Hartford: Kumarian Press, 2002: 2 - 22.

［30］ Demirguc - Kunt A, Levine R. Finance and Inequality: Theory and Evidence ［J］. Annual Review of Financial Economics, 2009, 1 (1): 287 - 318.

［31］ Deyoung R, Hunter W C, Udell G F. The Past, Present, and Probably Future for Community Banks ［J］. Journal of Financial Services Research, 2004, 25 (2 - 3): 85 - 133.

［32］ Donou - Adonsou F, Sylwester K. Growth Effect of Banks and Microfinance: Evidence from Developing Countries ［J］. The Quarterly Review of Economics and Finance, 2017, 64 (5): 44 - 56.

［33］ Goldsmith R. Financial Structure and Development ［M］. Yale University Press, New Haven, 1969.

［34］ Gonzalez A. Resilience of Microfinance Institutions to Macroeconomic Events ［R］. MIX Dicussion Paper No. 1, The Mix, Washington, DC, 2007.

［35］ Haq M, Skully M, Pathan S. Efficiency of Microfinance Institutions: A Data Envelopment Analysis ［J］. Asia - Pacific Financial Markets, 2010: 63 - 97.

［36］ Hartarska V, Nadolnyak D. Do Regulated Microfinance Institutions Achieve Better Sustainability and Outreach? Cross-country Evidence ［J］. Applied Economics, 2007, 39 (10): 1207 - 1222.

［37］ Hermes N, Lensink R, Meesters A. Financial Development and the Efficiency of Microfinance Institutions ［R］. SSRN Working Paper, 2009, No. 1396202.

［38］ Hermes N. Does Microfinance Affect the Income Inequality ［J］. Applied Economics, 2014, 46 (9): 1021 - 1034.

［39］ Hermes N, Lensink R, Meesters A. Outreach and Efficiency of Microfinance Institutions ［J］. World Development, 2011, 39 (6): 938 - 948.

［40］ Hotelling, H. Stability in Competition ［J］. Economic Journal, 1929, 39 (153): 41 - 57.

［41］ Hulme D, Mosley P. Finance against Poverty ［M］. London: Routledge, 1996.

［42］ Imai K S, Azam M S. Does Microfinance Reduce Poverty in Bangladesh? New Evidence from Household Panel Data ［J］. Journal of Development Studies, 2012, 48 (5): 633 - 653.

[43] Imai K S, Raghav G, Ganesh T, Samuel K A. Microfinance and Poverty – A Macro Perspective [J]. World Development, 2012, 40 (8): 1675 – 1689.

[44] Islam A. Heterogenous Effects of Microcredit: Evidence from Large-scale Programs in Bangladesh [J]. Journal of Asian Economics, 2015, 37 (4): 48 – 58.

[45] Jain S. Symbiosis vs Crowding-out: The Interaction of Formal and Informal Credit Markets in Developing Countries [J]. Journal of Development Economics, 1999, 59 (2): 419 – 444.

[46] Kaboski J, Townsend R. The Impact of Credit on Village Economies [J]. American Economic Journal: Applied Economics, 2012, 4 (2): 98 – 133.

[47] Karlan D, Zinman J. Expanding Credit Access: Using Randomized Supply Decisions to Estimate the Impacts [J]. Review of Financial Studies, 2010, 23 (1): 433 – 464.

[48] Khandker S. Microfinance and Poverty: Evidence Using Panel Data from Bangladesh [J]. The World Bank Economic Review, 2005, 19 (2): 263 – 286.

[49] Khoya M. The Transition from Micro – Financing to Formal Banking Among the Microfinance Institutions in Kenya [J]. African Journal of Business and Management, 2012: 97 – 110.

[50] King R G, Levine R. Finance and Growth: Schumpeter Might Be Right [J]. The Quarterly Journal of Economics, 1993, 108 (3): 717 – 737.

[51] Ledgerwood J. Microfinance Handbook: An Institutional and Financial Perspective [R]. The World Bank, Washington, D. C, 1998.

[52] Lensink R, Pham T. The Impact of Microcredit on Self-employment Profits in Vietnam [J]. Economics of Transition, 2012, 20 (1): 73 – 111.

[53] Louis P, Seret A, Baesens B. Financial Efficiency and Social Impact of Microfinance Institutions Using Self – Organizing Maps [J]. World Development, 2013, 46 (6): 197 – 210.

[54] Mahjabeen R. Microfinancing in Bangladesh: Impact on Households, Consumption and Welfare [J]. Journal of Policy Modeling, 2008, 30 (6): 1083 – 1092.

[55] Maksudova N. Contribution of Microfinance to Growth: Transmission Channel and the Ways to Test it [J]. Business and Economic Horizons, 2014, 9 (4): 27 – 43.

[56] McIntosh C, Villaran G, Wydick B. Microfinance and Home Improvement: Using Retrospective Panel Data to Measure Program Effects on Fundamental Events [J]. World development, 2011, 39 (6): 922 – 937.

[57] McIntosh C, Janvry A D, Sadoulet E. How Rising Competition among Microfinance Institutions Affects Incumbent Lenders [J]. Economic Journal, 2005, 115 (506): 987 – 1004.

[58] McKernan S. The Impact of Micro-credit Programs on Self-employment Profits: Do Non-credit Program Aspects Matter? [J] Review of Economics and Statistics, 2002, 84 (1): 93 – 115.

[59] Mel S D, McKenzie D, Woodruff C. Returns to capital: Results from a Randomized Experiment [J]. Quarterly Journal of Economics, 2008, 123 (4), 1329 – 1372.

[60] Mel S D, McKenzie D, Woodruff C. Are Women More Credit Constrained? Experimental Evidence on Gender and Microenterprise Returns [J]. American Economic Journal: Applied Economics, 2009, 1 (3): 1 – 32.

[61] Mersland R, Strom R. Performance and Governance in Microfinance Instituitions [J]. Journal of Banking and Finance, 2009, 33 (4): 662 – 669.

[62] Morduch J. Does Microfinance Really Help the Poor? New Evidence from Flagship Programs in Bangladesh [R]. Working Paper Department of Economics, New York University, 1998.

[63] Morduch J. The Microfinance Promise [J]. Journal of Economic Literature, 1999, 37 (4): 1569 – 1614.

[64] Mahajan V, Ramola BG. Financial Services for the Rural Poor and Women in India: Access and Sustainability [J]. Journal of International Development, 1996, 8 (2): 211 – 224.

[65] Navajas S, Conning J, Gonzalez – Vega C. Lending Technologies, Competition and Consolidation in the Market for Microfinance in Bolivia [J]. Journal of International Development, 2003, 15 (6): 747 – 770.

[66] Olivares – Polanco, F. Commercializing Microfinance and Deepening Outreach? Empirical Evidence from Latin America [J]. Journal of Microfinance, 2005, 7 (2): 47 – 69.

[67] Paxton J. Technical Efficiency in a Semi-formal Financial Sector: the Case of Mexico [J]. Oxford Bulletion Economics and Statistics, 2010, 69 (1): 57 – 74.

[68] Perilleux A. Microfinance Development: Financial Cooperatives and Banks, Complements or Substitutes? [R]. Working Paper, Centre for European Research in Microfinance, University of Mons, 2010.

[69] Perilleux A, Vanroose A, D'Espallier B. Are Financial Cooperatives Crowded out by Commercial banks in the Process of Financial Sector Development? [J]. Kyklos, 2016, 69 (1): 108 – 134.

[70] Persen, M A. Information: Hard and Soft [R]. Working Paper, Kellogg School of Management, 2004.

[71] Pitt M M, Khandker S R. The Impact of Group-based Credit on Poor Households in Bangladesh: Does the Gender of Participants Matter? [J]. Journal of Political Economy, 1998, 106 (5): 958 – 996.

[72] Quayes S. Depth of Outreach and Financial Sustainability of Microfinance Institutions [J]. Applied Economics, 2012, 44 (26): 3421 – 3433.

[73] Schreiner M. Aspects of Outreach: A Framework for the Discussion of the Social Benefits of Microfinance [J]. Journal of International Development, 2001, 14 (5): 591 – 603.

[74] Servin R, Lensink R, Berg M. Ownership and Technical Efficiency of Microfinance Institutions: Empirical Evidence from Latin America [J]. Journal of Banking and Finance, 2012, 36 (7): 2136 – 2144.

[75] Sodokin K, Donou – Adonsou C. Banks, Microfinance Institutions and Economic Growth in the West African Economic and Monetary Union [J]. African Development Review, 2010, 22 (4): 495 – 510.

[76] Stiglitz, J. E. Peer Monitoring and Credit Markets [J]. The World Bank Economic Review, 1990, 4 (3): 351 – 366.

[77] Strom R, D'Espallier B, Mersland R. Female Leadership, Performance, and Governnance in Microfinance Institutions [J]. Journal of Banking and Finance, 2014, 42 (5): 60 – 75.

[78] Tedeschi, G. A. Overcoming Selection Bias in Microcredit Impact Assessments: A case study in Peru [J]. Journal of Development Studies, 2008, 44 (4): 504 – 519.

[79] Vanroose A, D'Espallier B. Do Microfinance Institutions Accomplish Their Mission? Evidence from the Relationship between Traditional Financial Sector Development and Microfinance Institution's Outreach and Performance [J]. Applied Economics, 2013, 45 (15): 1965 – 1982.

[80] Vogelgesang U. Microfinance in Times of Crisis: the Effects of Competition, Rising Indebtedness and Economic Crisis on Repayment Behavior [J]. World Development, 2003, 31 (12): 2085 – 2144.

[81] Wijesiri M, Vigano L, Meoli M. Efficiency of Microfinance Institution in Sri Lanka: A Two-stage Double Bootstrap DEA Approach [J]. Economic Modeling, 2015, 47 (6): 74 – 83.

[82] Zaman, H. Who Benefits and to What extent? An Evaluation of BRAC's Micro – Credit Programme [D]. D. Phil thesis, University of Sussex, UK, 1998.

[83] Zeller M, Lapenu M, Greely M. Measuring Social Performance of Micro – Finance Institutions: A Proposal [R] Social Performance Indicators Initiative (SPI) Final Report. 2003.

[84] Zeller M, Meyer R L. The Triangle of Microfinance: Financial Sustainability, Outreach, and Impact [M]. Baltimore and London: The Johns Hopkins University Press, 2002.

[85] 爱德华·肖. 经济发展中的金融深化 [M]. 上海: 上海三联书店, 1988.

[86] 陈强. 高等计量经济学及 Stata 应用 (第二版) [M]. 北京: 高等教育出版社, 2014.

[87] 程恩江, 刘西川. 小额信贷缓解农户正规信贷配给了吗? ——来自三个非政府小额信贷项目区的经验证据 [J]. 金融研究, 2010 (12): 190 – 206.

[88] 董晓林, 高瑾. 小额贷款公司的运营效率及其影响因素——基于江苏 227

家农村小额贷款公司的实证分析［J］. 审计与经济研究，2014（1）：95 - 102.

　　［89］董晓林，程超，龙玲华. 主发起人类型、试点取址与村镇银行经营绩效——以江苏为例［J］. 财贸研究，2014（2）：116 - 121.

　　［90］杜晓山，聂强. 小额信贷领域内的金融机构合作［J］. 农村金融研究，2011（5）：10 - 15.

　　［91］杜晓山，孙同全，张群. 公益性及商业性小额信贷社会绩效管理比较研究［J］. 现代经济探讨，2011（5）：42 - 47.

　　［92］杜晓山. 中国农村小额信贷的实践尝试［J］. 中国农村经济，2004（8）：12 - 20.

　　［93］范辰辰，李文. "新农保"如何影响农村居民消费——以山东省为例［J］. 江西财经大学学报，2015（1）：55 - 65.

　　［94］方杰，张敏强，邱皓政. 中介效应的检验方法和效果测量：回顾与展望［J］. 心理发展与教育，2012（1）：105 - 111.

　　［95］冯海红. 小额贷款公司财务效率和社会效率及其影响因素——基于 DEA - Tobit 两阶段法的实证分析［J］. 财经理论与实践，2017（5）：33 - 38.

　　［96］傅昌銮，朱西湖. 小额贷款公司双重目标的权衡——以浙江省为例的实证分析［J］. 农业经济问题，2016（6）：74 - 80.

　　［97］古家军，谢凤华. 农民创业活跃度影响农民收入的区域差异分析——基于1997~2009 年的省际面板数据的实证研究［J］. 农业经济问题，2012（2）：19 - 23.

　　［98］郭建斌. 国外小额信贷可持续发展的内在机理及经验借鉴［J］. 农村金融研究，2011（2）：59 - 63.

　　［99］郭军，冯林. 小额贷款公司可持续发展研究——以山东省为例［J］. 东岳论丛，2013（10）：173 - 180.

　　［100］哈斯. 小额贷款公司对民间融资的替代和转化效用研究——以内蒙古西部地区为例［J］. 中央财经大学学报，2012（8）：38 - 43.

　　［101］何广文，杨虎锋. 小额贷款公司的政策初衷及其绩效探讨［J］. 金融理论与实践，2012（1）：4 - 10.

　　［102］何剑伟. 小额信贷商业化中的目标偏移——一个理论模型及西部小额贷款公司的经验研究［J］. 当代经济科学，2012（4）：73 - 79.

　　［103］洪正. 新型农村金融机构改革可行吗？——基于监督效率视角的分析［J］. 经济研究，2011（2）：44 - 58.

　　［104］胡金焱，张博. 民间金融、产业发展与经济增长——基于中国省际面板数据的实证分析［J］. 中国工业经济，2013（8）：18 - 30.

　　［105］胡金焱，张强. 贷款额度、违约率与小贷公司收益：鲁省观察［J］. 改革，2016（12）：123 - 133.

　　［106］胡金焱，梁巧慧. 小额贷款公司多重目标实现的兼顾性——来自山东省的证据［J］. 财贸经济，2015（5）：59 - 71.

[107] 胡金焱. 市场竞争结构与小额信贷功能的实现 [J]. 中国高校社会科学, 2015 (2)：105 – 115.

[108] 胡金焱, 李永平. 农村金融的边缘化与制度创新 [J]. 广东社会科学, 2005 (3)：32 – 37.

[109] 胡金焱, 李永平. 正规金融与非正规金融：比较成本优势与制度互补 [J]. 东岳论丛, 2006 (3)：115 – 119.

[110] 胡金焱, 张乐. 非正规金融与小额信贷：一个理论述评 [J]. 金融研究, 2004 (7)：123 – 131.

[111] 胡宗义, 李佲曼, 唐李伟. 农村小额信贷与农民收入增长——基于 STAR 模型的实证研究 [J]. 软科学, 2014 (4)：117 – 134.

[112] 黄惠春, 徐佳. 二元目标下小额信贷机构绩效评价与模式选择 [J]. 金融纵横, 2013 (2)：77 – 82.

[113] 蒋俊毅, 侯少夫. 农村金融结构优化是否促进了农村经济增长——基于湖南省的实证研究 [J]. 财经理论与实践, 2013 (6)：29 – 33.

[114] 雷蒙德·W. 戈德史密斯, 周朔. 金融结构与金融发展 [M]. 上海：上海人民出版社, 1994.

[115] 李锐, 朱喜. 农户金融抑制及其福利损失的计量分析 [J]. 经济研究, 2007 (2)：146 – 155。

[116] 李颖, 高建刚. 人民币汇率变动、城乡收入差距与居民消费 [J]. 广东财经大学学报, 2016 (2)：43 – 55.

[117] 李莹星. 小额信贷能改善穷人福利吗？——微观影响评估研究综述 [J]. 农业经济问题, 2015 (10)：86 – 95.

[118] 李永平, 胡金焱. 试点小额贷款公司的政策目的达到了吗？——以山东省为例的调查分析 [J]. 山东社会科学, 2011 (1)：82 – 87.

[119] 李永平. 中国农村金融制度变迁与经济主体行为研究 [D]. 济南：山东大学, 2006.

[120] 李志赟. 银行结构与中小企业融资 [J]. 经济研究, 2002 (6)：38 – 45.

[121] 梁巧慧. 股东构成与小额贷款公司多重目标实现——以山东省为例 [D]. 济南：山东大学, 2015.

[122] 林毅夫, 李永军. 中小金融机构发展与中小企业融资 [J]. 经济研究, 2001 (1)：10 – 18.

[123] 刘锐等. 博弈论视角下的小额贷款公司制度分析 [J]. 西部金融, 2012 (7)：58 – 63.

[124] 刘瑞明, 赵仁杰. 国家高新区推动了地区经济发展吗？——基于双重差分方法的验证 [J]. 管理世界, 2015 (8)：30 – 38.

[125] 刘西川, 杨奇明, 陈立辉. 农户信贷市场的正规部门与非正规部门：替代还是互补？[J]. 经济研究, 2014 (11)：145 – 158.

[126] 刘西川, 程恩江. 贫困地区农户的正规信贷约束: 基于配给机制的经验考察 [J]. 中国农村经济, 2009 (6): 37 - 50.

[127] 刘志友, 孟德锋, 卢亚娟. 微型金融机构的效率权衡: 财务效率与社会效率——以江苏省小额贷款公司为例 [J]. 经济理论与经济管理, 2013 (5): 102 - 111.

[128] 刘志友, 孟德锋, 杨爱军. 金融发展、支农目标与微型金融机构的成本效率——以江苏省小额贷款公司为例 [J]. 财贸经济, 2012 (8): 56 - 63.

[129] 龙华平, 金敏敏. 小额贷款公司与地方经济互动关系研究——基于贵州省的实证分析 [J]. 经济问题, 2012 (10): 106 - 109.

[130] 卢立香. 正规金融与小额贷款公司发展——基于山东省县域面板数据的经验研究 [J]. 山东大学学报 (哲学社会科学版), 2016 (6): 48 - 58.

[131] 卢亚娟, 孟德锋. 民间资本进入农村金融服务业的目标权衡——基于小额贷款公司的实证研究 [J]. 金融研究, 2012 (3): 68 - 80.

[132] 卢亚娟, 张龙耀, 许玉韫. 金融可得性与农村家庭创业——基于 CHARLS 数据的实证研究 [J]. 经济理论与经济管理, 2014 (10): 89 - 99.

[133] 陆智强, 熊德平. 金融发展水平、大股东持股比例与村镇银行投入资本 [J]. 中国农村经济, 2015 (3): 68 - 83.

[134] 罗纳德·麦金农. 经济发展中的货币与资本 [M]. 上海: 上海人民出版社, 1997.

[135] 马光荣, 杨恩艳. 社会网络、非正规金融与创业 [J]. 经济研究, 2011 (3): 83 - 93.

[136] 潘淑娟, 任森春, 朱金伟. 大型正规金融与小额贷款公司合作创新研究 [J]. 农村金融研究, 2011 (5): 27 - 31.

[137] 钱雪松, 杜立, 马文涛. 中国货币政策利率传导有效性研究: 中介效应和体制内外差异 [J]. 管理世界, 2015 (11): 11 - 27.

[138] 钱水土, 许嘉扬. 中国农村金融发展的收入效应——基于省级面板数据的实证分析 [J]. 经济理论与经济管理, 2011 (3): 104 - 112.

[139] 孙健, 胡金焱. 小额贷款公司与农民收入关系研究——以山东省小额贷款公司为例 [J]. 山东社会科学, 2011 (12): 55 - 59.

[140] 孙若梅. 小额信贷对农民收入影响的实证分析 [J]. 甘肃社会科学, 2008 (9): 65 - 72.

[141] 孙修远, 何广文. 女性管理者对微型金融机构绩效的影响研究 [J]. 金融与经济, 2016 (3): 47 - 53.

[142] 邰蕾蕾, 李麟. 公司治理对小额贷款公司绩效的影响的实证研究 [J]. 华东经济管理, 2014 (6): 86 - 89.

[143] 田剑英, 黄春旭. 民间资本金融深化与农村经济发展的实证研究——基于浙江省小额贷款公司的试点 [J]. 管理世界, 2013 (8): 167 - 168.

[144] 田杰，刘勇，陶建平. 农村银行业结构对农村经济增长的影响——基于新型农村金融机构创新的背景 [J]. 经济与管理，2013 (9)：36 - 42.

[145] 王虎，范从来. 金融发展与农民收入影响机制的研究——来自中国 1980 ~ 2004 年的经验证据 [J]. 经济科学，2006 (6)：11 - 21.

[146] 王芹，罗剑朝. 新型农村金融机构农户满意度影响因素研究——以 473 户新型农村金融机构借款农户的数据为例 [J]. 农村经济，2014 (8)：62 - 67.

[147] 王修华，刘志远，杨刚. 村镇银行运行格局、发展偏差及应对策略 [J]. 湖南大学学报（社会科学版），2013 (1)：57 - 62.

[148] 王修华，傅勇，贺小金，谭开通. 中国农户受金融排斥状况研究——基于我国 8 省 29 县 1547 户农户的调研数据 [J]. 金融研究，2013 (7)：139 - 152.

[149] 温涛，冉光和，熊德平. 中国金融发展与农民收入增长 [J]. 经济研究，2005 (9)：30 - 43.

[150] 温忠麟，叶宝娟. 中介效应分析：方法和模型发展 [J]. 心理科学进展，2014 (5)：731 - 745.

[151] 温忠麟，张雷，侯杰泰，刘红云. 中介效应检验程序及其应用 [J]. 心理学报，2004 (5)：614 - 620.

[152] 温忠麟，侯杰泰，张雷. 调节效应与中介效应的比较和应用 [J]. 心理学报，2005 (2)：268 - 274.

[153] 肖龙铎，张兵. 金融可得性、非农就业与农民收入——基于 CHFS 数据的实证研究 [J]. 经济科学，2017 (2)：74 - 87.

[154] 邢道均，叶依广. 农村小额贷款公司缓解农村中小企业正规信贷约束了吗？——基于苏北五市的调查研究 [J]. 农业经济问题，2011 (8)：62 - 69.

[155] 熊芳，王媛媛. 微型金融机构使命漂移的实证分析——基于对湖北省恩施土家族苗族自治州的调研数据 [J]. 金融发展研究，2013 (7)：14 - 18.

[156] 徐寿福，徐龙炳. 现金股利政策、代理成本与公司绩效 [J]. 管理科学，2015 (1)：97 - 110.

[157] 杨虎锋，何广文. 商业性小额贷款公司能惠及三农和微小客户吗？[J]. 财贸研究，2012 (2)：35 - 41.

[158] 杨虎锋，何广文. 治理机制对小额贷款公司绩效的影响 [J]. 中国农村经济，2014 (6)：74 - 82.

[159] 杨小丽，董晓林. 农村小额贷款公司的贷款结构与经营绩效——以江苏省为例 [J]. 农业技术经济，2012 (5)：70 - 78.

[160] 姚耀军. 非正规金融发展的区域差异及其经济增长效应 [J]. 财经研究，2009 (12)：129 - 139.

[161] 姚耀军. 金融发展与城乡收入差距关系的经验分析 [J]. 财经研究，2005 (2)：49 - 59.

[162] 叶志强，陈习定，张顺明. 金融发展能减少城乡收入差距吗？——来自中

国的证据 [J]. 金融研究, 2011 (2): 42-56.

[163] 尹学群, 李心丹, 陈庭强. 农户信贷对农村经济增长和农村居民消费的影响 [J]. 农业经济问题, 2011 (5): 21-27.

[164] 余新平, 熊皛白, 熊德平. 中国农村金融发展与农民收入增长 [J]. 中国农村经济, 2010 (6): 88-87.

[165] 约瑟夫·熊彼特. 经济发展理论 [M]. 北京: 商务印书馆, 1990.

[166] 张兵, 李丹, 孟德峰. 降低市场准入与缓解农户正规信贷约束 [J]. 金融论坛, 2015 (1): 47-52.

[167] 张兵, 李丹. 新型农村金融机构网点布局及农户信贷可获性研究——以江苏省村镇银行为例 [J]. 江苏社会科学, 2014 (2): 256-262.

[168] 张海洋, 袁雁静. 村庄金融环境与农户创业行为 [J]. 浙江社会科学, 2011 (7): 2-12.

[169] 张立军, 湛泳. 金融发展与降低贫困——基于中国 1994~2004 年小额信贷的分析 [J]. 当代经济科学, 2006 (11): 36-42.

[170] 张龙耀, 杨军, 张海宁. 金融发展、家庭创业与城乡居民收入——基于微观视角的经验分析 [J]. 中国农村经济, 2013 (7): 47-56.

[171] 张龙耀, 杨骏, 程恩江. 融资杠杆监管与小额贷款公司"覆盖率—可持续性"权衡——基于分层监管的准自然实验 [J]. 金融研究, 2016 (6): 142-158.

[172] 张维迎. 博弈论与信息经济学 [M]. 上海: 上海人民出版社, 2004.

[173] 张正平, 杨丹丹. 市场竞争、新型农村金融机构扩张与普惠金融发展——基于省级面板数据的检验与比较 [J]. 中国农村经济, 2017 (1): 30-43.

[174] 张正平, 郭永春. 小额信贷机构目标偏离影响因素实证研究——基于固定效应模型的检验与比较 [J]. 财贸经济, 2013 (7): 48-58.

[175] 张正平. 微型金融机构双重目标间的冲突与治理: 研究进展述评 [J]. 经济评论, 2011 (5): 139-150.

[176] 张正平. 微型金融机构的商业化、风险与目标偏离 [M]. 北京: 中国金融出版社, 2016.

[177] 张强. 小额贷款公司贷款结构与经营绩效——基于违约风险门限效应的分析 [D]. 山东济南: 山东大学, 2018.

[178] 赵冬青, 王树贤. 我国村镇银行发展现状的实证研究 [J]. 农村经济, 2010 (7): 77-81.

[179] 赵宸宇, 李雪松. 金融市场化、小额贷款与中国家庭信贷可得性——基于 CHFS 微观数据的实证研究 [J]. 金融论坛, 2017 (8): 46-56.

[180] 周孟亮, 李明贤. 普惠金融视野下大型正规金融介入小额信贷的模式与机制 [J]. 改革, 2011 (4): 47-54.

[181] 周孟亮. 我国小额信贷社会绩效评价指标设计研究 [J]. 农村金融研究, 2011 (2): 53-58.

[182] 周顺兴. 银行业竞争、客户筛选与村镇银行二元绩效：传导机制与实证研究 [J]. 经济理论与经济管理，2016，(4)：34 – 44.

[183] 周顺兴. 金融市场竞争对村镇银行经营绩效影响研究 [D]. 江苏南京：南京农业大学，2015.

[184] 周顺兴，林乐芬. 银行业竞争、村镇银行发展与小微企业信贷可得性——基于江苏省县域面板数据的分析 [J]. 金融论坛，2015 (11)：63 – 72.

[185] 周月书，李扬. 农村小额贷款公司对农村小微企业正规信贷配给的影响分析——基于苏北农村小微企业的调查 [J]. 中国农村经济，2013 (7)：85 – 96.

[186] 周立，王子明. 中国各地区金融发展与经济增长实证分析：1978 ~ 2000 [J]. 金融研究，2002 (10)：1 – 13.

[187] 周黎安，陈烨. 中国农村税费改革的政策效果：基于双重差分模型的估计 [J]. 经济研究，2005 (8)：44 – 53.

后　记

　　本书是在 2018 年提交的博士论文基础上修改而成，回首累并收获着、苦并快乐着的博士学习经历，对那些引导我、帮助我、激励我的人，我心中充满了无限的感激。

　　首先衷心感谢我的导师胡金焱教授。胡老师学识渊博、治学严谨、为人谦和、品格高洁，是令人敬仰的名师，是我终身学习的榜样！从研究方向的确定、论文的选题到写作的反复修改、完成，胡老师都给予我精心的指导和莫大的鼓励！胡老师工作虽然繁忙，但仍坚持每周召开讨论班，向同学们讲解最新的研究文献或介绍自己的工作，我从中汲取了丰富的学术营养，掌握了最新的研究动态和前沿的研究方法，获益匪浅、逐渐成长。我的博士论文也是在一次次的讨论班的汇报中，反复修改、打磨、成形！

　　衷心感谢山东大学经济学院传道授业解惑的老师们。感谢曹廷求老师、秦凤鸣老师、陈强老师、刘国亮老师、张建康老师的精彩课程和精心讲解，为我的研究和论文写作打下了坚实的理论和计量基础。感谢孔丹凤老师、任燕燕老师、徐涛老师、陈晓莉老师、李颖老师、姜明明老师、高金窑老师、张群姿老师在我论文的写作和修改过程中给予的宝贵建议和指导。感谢同门师兄弟姐妹对我论文的交流讨论与修改建议！

　　感谢父母对我的辛苦养育和培养，感谢先生和女儿湘湘对我的理解和支持，你们是我停泊的温暖港湾，也是我前进的动力。感谢所有家人、朋友对我的关心和帮助！

　　感谢山东省高校人文社会科学研究计划（J17RA096）对本研究的资助！

　　路漫漫其修远兮，吾将上下而求索。本书献给所有关心、帮助与支持我的亲人、师长与朋友，以表达我对他们的感激之情！